시사중국어사

퍼 퍼펙트 중국어는 중국어 공부의 새로운 패러다임을 구축할 신개념 (New Concept) 중국어 교재로 쉽고! 재미있게! 학습할 수 있는 교재입니다.

펙 펙트만을 모아~모아~ 현지 중국인이 쓰는 단어와 문장을 패턴(Pattern)으로 녹여냈습니다.

트 트~윽별하고 야심차게! 세계 최초! 국내 최초!로 사자성어와 한중 문화 이야기를 패턴(Pattern)으로 녹여낸 퍼펙트한 중국어 교재! 중국어 실력과 재미 그리고 한중 문화에 대한 이해까지 한 번에~! '일석삼조'의 효과를 볼 수 있습니다.

중 중국에서 현지인들과 대화하듯이 회화 연습을 할 수 있도록 주제별로 대화 내용을 구성! 회화 연습을 통해 핵심 패턴(Pattern)을 자신도 모르는 사이에 자연스럽게~ 습득할 수 있습니다.

국 국어만큼 완벽하게 중국어를 할 수 있다는 것을 목표로, 패턴의 무한반복을 통해 중국어 문장 구조에 대한 이해도를 한층 Up! 패턴(Pattern)을 활용한 회화와 독해를 통해 어휘량과 작문 실력을 한층 더 Up! Up! 워크북을 통해 레알 찐 중국어 실력을 완벽하게 Up! Up! Up! 할 수 있습니다.

어 어른들도 아이들도 누구나 즐겁고 쉽게 공부할 수 있는 신개념 중국어 공부~! 퍼펙트(Perfect)로 시작합니다!

<完美漢語>

建立漢語學習全新概念,
打造漢語學習全新模式,
提供輕松有趣節奏韵律,
設計生動形象眞實會話,
開啓完美漢語學習之旅。

퍼펙트 중국어 교재로 중국어를 학습하시는 여러분, 반갑습니다!
늘 토착화 된 교재를 갈구하던 중, 새로운 개념으로 정석만을 골라 담아 학습자들에게
좀 더 편안하고 익숙하게 다가갈 수 있도록 만든 교재를 선보이게 되었습니다.
지금까지 많은 사람들이 다양한 교재와 방법으로 중국어를 학습해 왔습니다.
이제는 패턴과 리듬, 그리고 다양한 놀이로 구성된 차별화 된 학습법으로
이 교재를 사용해 보시기 바랍니다.

완전정복!
말은 쉽지만 행하기가 어려운 표어입니다. 하지만 불가능한 것도 아닙니다.
외국어 학습에 가장 중요한 어휘 확장과 반복된 말하기 연습, 그리고 패턴을 통한
문장구조 파악과 중국인과 흡사하게 말하는 어감 정복을 통해 충분히 달성할 수 있습니다.

이제 신선한 충격을 통해 고지에 올라 설 준비를 하시고 시작해 보십시오.
분명 퍼펙트하게 달라진 자신의 모습을 보시게 될 겁니다.
응원하겠습니다.

을사년 봄을 기다리며
저자 일동

이 책의 특징

Main Book

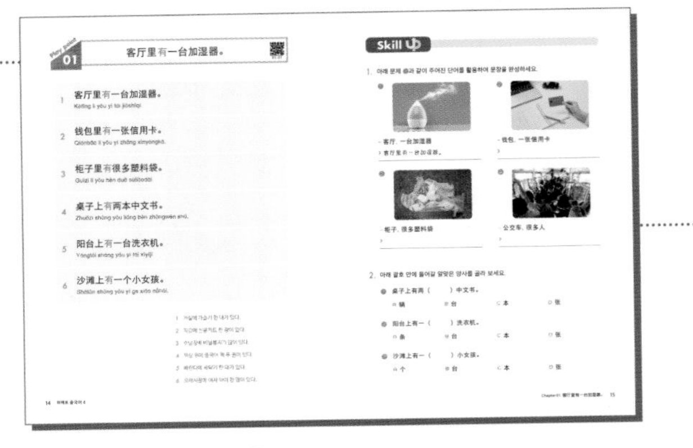

✓ Play Point 01~04

어려워 보이는 문법을 학습할 때에도 예문을 패턴으로 묶어 연습하면 중국어가 더 쉬워집니다. 반복하여 듣고 말하기 연습을 해 보세요.

✓ Skill Up

문법 사항을 학습했다면 바로 체크해 봐야 내 실력이 되겠죠? 사진을 보고, 문제를 보고 바로 입으로, 손으로 표현해 보세요. 이미 입에 익은 패턴으로 어떤 문제든 표현이 가능할 거예요!

QR코드로 음원을 편리하게!

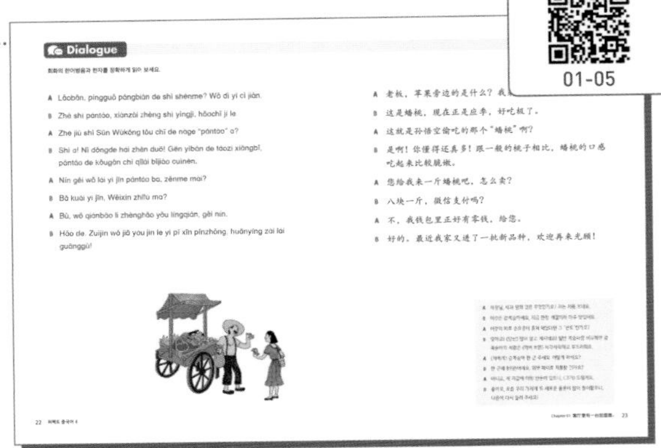

✓ Dialogue

이번 과에서 배웠던 문법이 회화에 어떻게 적용될 수 있을지, 배웠던 패턴을 생각하며 회화를 읽어 보세요.

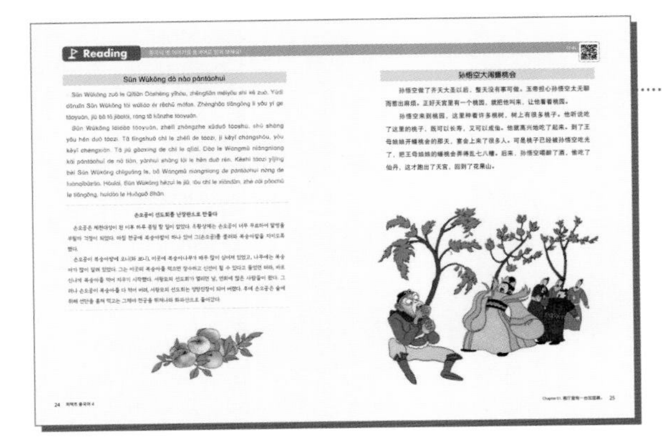

✓ Reading

재미있는 중국 고전 이야기 몇 편을 쉬운 중국어로 엮어 보았습니다. 소리 내어 읽어 보고 직접 해석도 해 보세요. 실력이 부쩍 늘어난 것을 느낄 수 있을 거예요!

Workbook

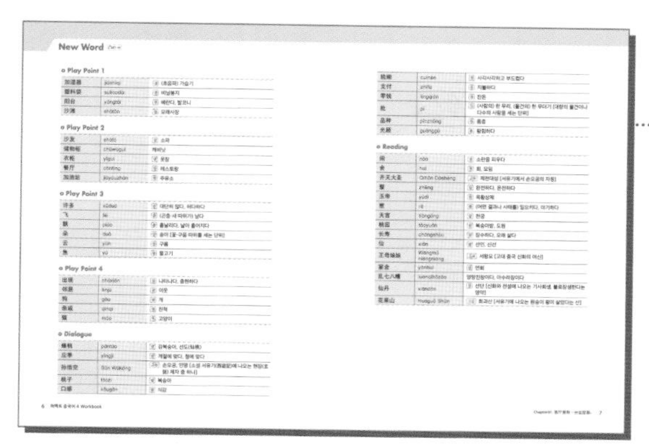

✓ New Word

이 과에 새롭게 등장한 단어를 체크해 보세요.

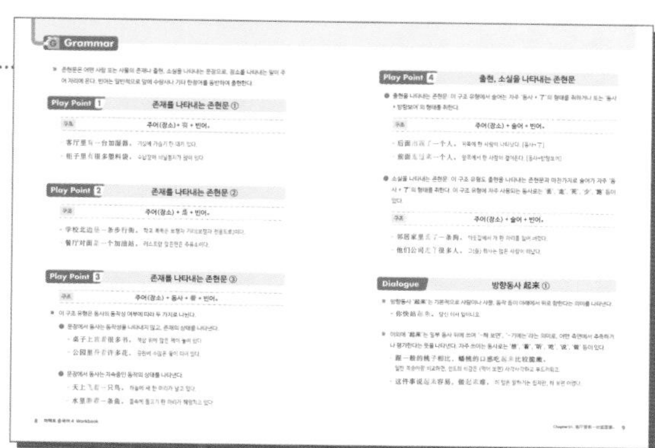

✓ Grammar

이 과의 주요 문법에 대해 학습해 보세요.
중국어 중급 수준으로 도약하는 데에
꼭 필요한 문법만 모았습니다. 문법 학습 후
패턴과 회화를 다시 한번 읽어 보세요!

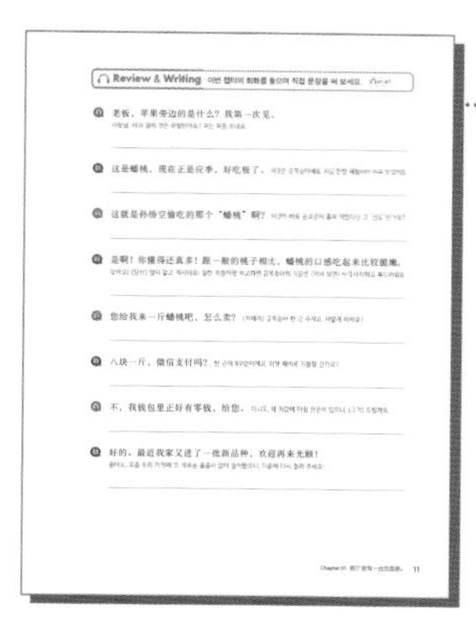

✓ Review & Writing

회화문을 다시 들어 보고 받아쓰기 해 보세요.

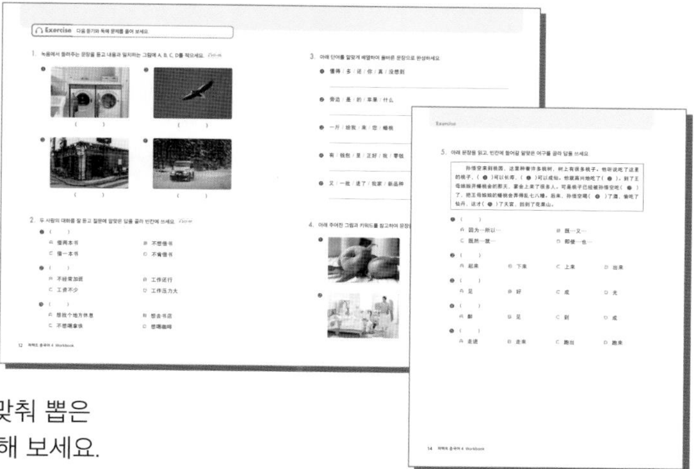

✓ Exercise

HSK, BCT 등 시험 유형에 맞춰 뽑은
문제를 풀며 시험까지 대비해 보세요.

☑ 이 책의 활용법

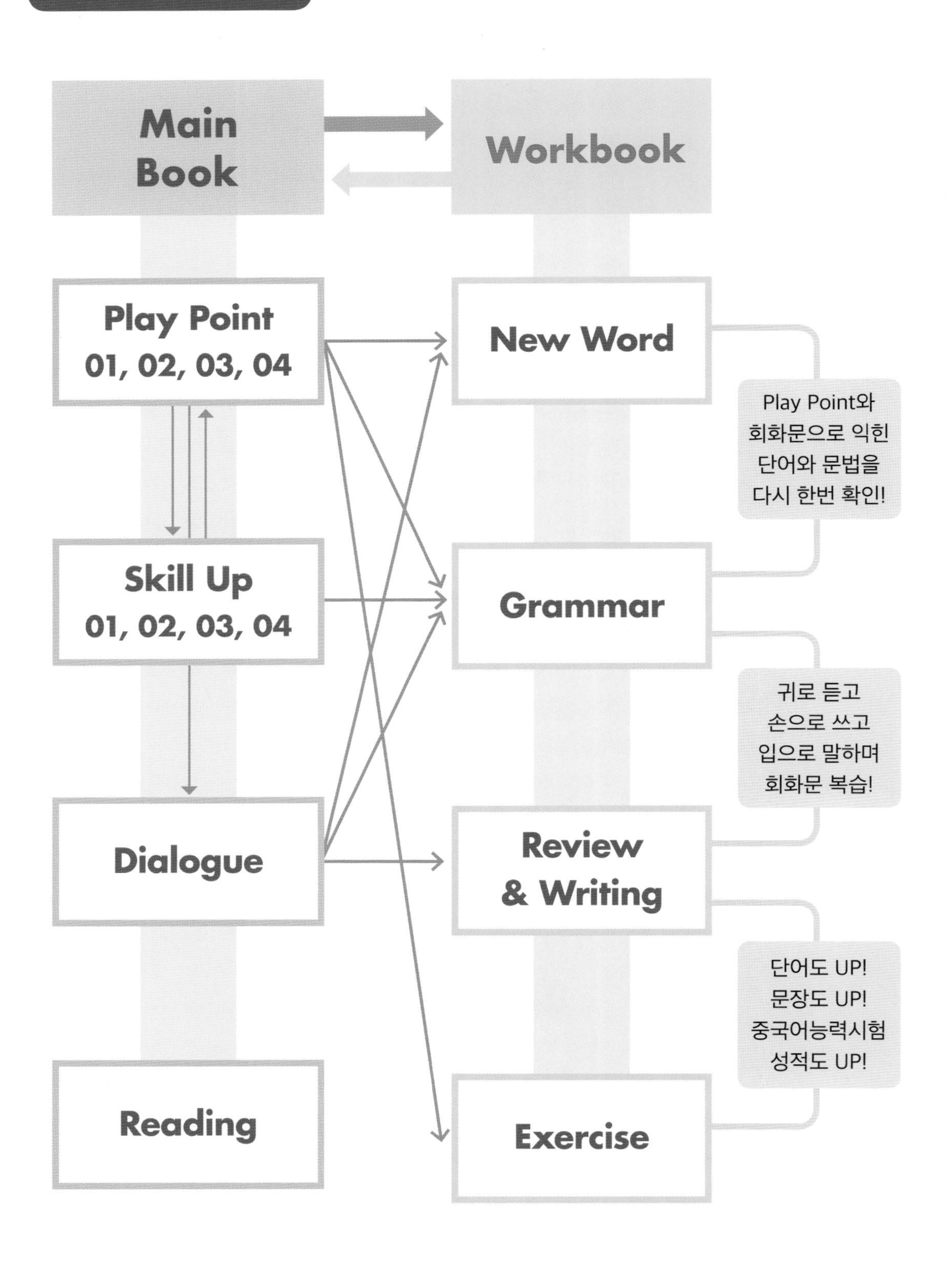
Main Book
Workbook
Play Point 01, 02, 03, 04
Skill Up 01, 02, 03, 04
Dialogue
Reading
New Word
Grammar
Review & Writing
Exercise
Play Point와 회화문으로 익힌 단어와 문법을 다시 한번 확인!
귀로 듣고 손으로 쓰고 입으로 말하며 회화문 복습!
단어도 UP! 문장도 UP! 중국어능력시험 성적도 UP!

☑ 이 책의 학습 효과

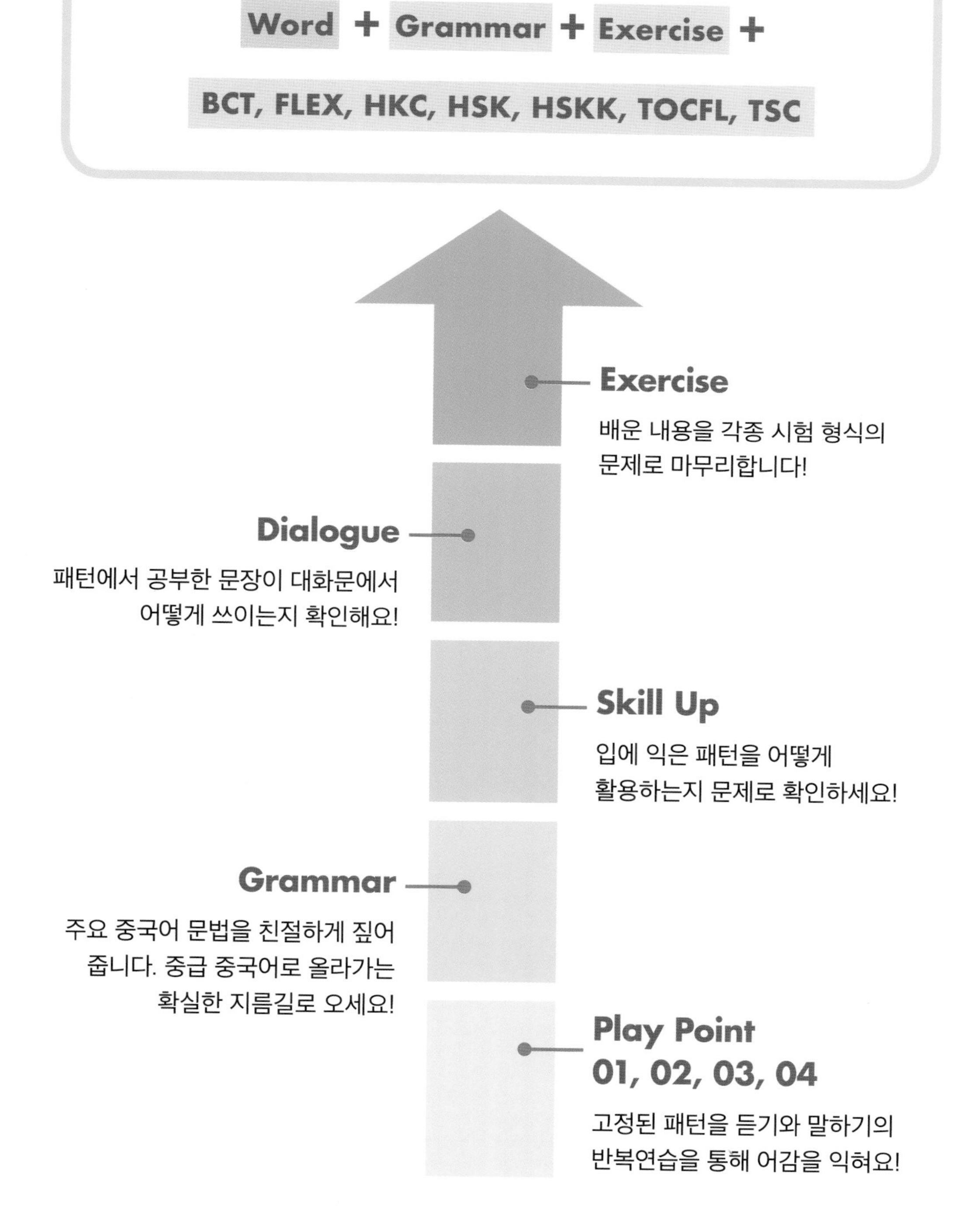

중국어 완전정복!
Word + Grammar + Exercise +
BCT, FLEX, HKC, HSK, HSKK, TOCFL, TSC
Exercise
배운 내용을 각종 시험 형식의 문제로 마무리합니다!
Dialogue
패턴에서 공부한 문장이 대화문에서 어떻게 쓰이는지 확인해요!
Skill Up
입에 익은 패턴을 어떻게 활용하는지 문제로 확인하세요!
Grammar
주요 중국어 문법을 친절하게 짚어 줍니다. 중급 중국어로 올라가는 확실한 지름길로 오세요!
Play Point 01, 02, 03, 04
고정된 패턴을 듣기와 말하기의 반복연습을 통해 어감을 익혀요!

목 차

수업 계획표

주차	Chapter	학습 내용	
1	**REVIEW**	<퍼펙트 중국어 3> 문법 및 단어 복습	
2	**Chapter 01** 客厅里有 一台加湿器。	**Play Point**	01 존재를 나타내는 존현문 ① 02 존재를 나타내는 존현문 ② 03 존재를 나타내는 존현문 ③ 04 출현, 소실을 나타내는 존현문
		Dialogue	방향동사 起来①
		Reading	'동사 + 了起来'와 '동사 + 起来了'
3	**Chapter 02** 我家的盘子比 这个更好看。	**Play Point**	01 '比'자문 02 '比'자문의 정도 표현 03 비교 의미의 '有', '不如' 04 기타 비교형식
		Dialogue	관용표현 '很久没…了'
		Reading	❶ 강조를 나타내는 '是…的" ❷ 양사 '对', '枚', '道'
4	**Chapter 03** 他有个妹妹 在读大学。	**Play Point**	01 겸어문 02 겸어문의 동사1이 '请' 또는 '让'인 경우 03 겸어문의 동사1이 '叫' 또는 '派'인 경우 04 겸어문의 동사1이 '使' 또는 '令'인 경우
		Dialogue	부사 '本来'
		Reading	반문의 어기 '难道…吗？'
5	**Chapter 04** 你可以把书架搬到 客厅里。	**Play Point**	01 '把'자문 ① 02 '把'자문 ② 03 '被'자문 ① 04 '被'자문 ②
		Dialogue	반문문
		Reading	방향동사 起来 ②
6	**Chapter 05** 我们先去商店买 衣服，然后去饭馆 吃饺子。	**Play Point**	01 ① 先/首先A，然后B / ② 先A，然后B，再C 02 ① 先A，接着/紧接着B / ② 先A，接着B，然后C 03 ① A，并B / ② A，而B / ③ A，便B 04 ① A，从而B / ② A，于是B
		Dialogue	A是B之一
		Reading	방향보어 '出来'
7		중간고사	

주차	Chapter		학습 내용
8	**Chapter 06** 他不是大学生， 而是研究生。	**Play Point**	01 不是A，而是B 02 ① 宁可A，也不B / ② 宁可A，也要B 03 与其A，不如B 04 ① 或者A，或者B / ② A还是B
		Dialogue	관용표현 '有过之无不及'
		Reading	개사 '由'
9	**Chapter 07** 要是你没受伤， 冠军就是你了。	**Play Point**	01 ① 要是A，就B / ② 要不是A，就B 02 ① 假如A，就B / 倘若A，就B 03 ① 没有A，就不/没有B / ② A，否则B 04 ① 幸亏A，不然B / ② 万一A，就B
		Dialogue	拿下比赛
		Reading	목적을 나타내는 동사 '来'
10	**Chapter 08** 这条街连一个人影 也没有。	**Play Point**	01 连A也/都B 02 ① A就更不用说了 / ② 就更别提A了 03 甚至 04 不但A，反而B
		Dialogue	说到做到
		Reading	了不起
11	**Chapter 09** 不管过程多么辛苦， 我都要坚持下去。	**Play Point**	01 ① 不管A，都B / ② 无论A，也(都)B 02 ① 除非A，不然B / ② 除非A，否则B 03 只要A，就B 04 除了A，也/还B
		Dialogue	부사 '还'
		Reading	'后来'와 '以后'
12	**Chapter 10** 尽管这是一首老歌， 可是我们都爱听。	**Play Point**	01 尽管A，可是B 02 ① 尽管A，可B / ② 尽管A，然而B 03 ① 由于A，因此B / ② 개사 '由于' 04 ① 之所以A，是因为B / ② A，是因为B
		Dialogue	관용표현 '拿…没办法'
		Reading	'一' + 동사
13	**Chapter 11** 哪怕要排队， 还想尝尝这家菜。	**Play Point**	01 哪怕A，还/也B 02 即便A，也B 03 再A，也B / 再不A，就B 04 就算/就是A，也B
		Dialogue	부사 '都'
		Reading	'互不' + 동사
14	**Chapter 12** 从放假那天起， 我们每天都去 图书馆学习。	**Play Point**	01 从A起 / 从A开始 02 越A越B 03 ① 在A上 / ② 在A下 04 ① 在A看来 / ② 拿A来说 / ③ 对A来说
		Dialogue	一言为定
		Reading	不得不
15	기말고사		

Chapter 01

客厅里有
一台加湿器。

학습 내용

客厅里有一台加湿器。

学校北边是一条步行街。

客厅里坐着几个人。

后面出现了一个人。

客厅里有一台加湿器。

1 客厅里有一台加湿器。
Kètīng li yǒu yì tái jiāshīqì.

2 钱包里有一张信用卡。
Qiánbāo li yǒu yì zhāng xìnyòngkǎ.

3 柜子里有很多塑料袋。
Guìzi li yǒu hěn duō sùliàodài.

4 桌子上有两本中文书。
Zhuōzi shàng yǒu liǎng běn Zhōngwén shū.

5 阳台上有一台洗衣机。
Yángtái shàng yǒu yì tái xǐyījī.

6 沙滩上有一个小女孩。
Shātān shàng yǒu yí ge xiǎo nǚhái.

1 거실에 가습기 한 대가 있다.
2 지갑에 신용카드 한 장이 있다.
3 수납장에 비닐봉지가 많이 있다.
4 책상 위에 중국어 책 두 권이 있다.
5 베란다에 세탁기 한 대가 있다.
6 모래사장에 여자 아이 한 명이 있다.

Skill Up

1. 아래 문제 ❶과 같이 주어진 단어를 활용하여 문장을 완성하세요.

❶ 

- 客厅, 一台加湿器

> 客厅里有一台加湿器。

❷ 

- 钱包, 一张信用卡

>

❸ 

- 柜子, 很多塑料袋

>

❹ 

- 公交车, 很多人

>

2. 아래 괄호 안에 들어갈 알맞은 양사를 골라 보세요.

❶ 桌子上有两（　　　）中文书。

A 辆　　B 台　　C 本　　D 张

❷ 阳台上有一（　　　）洗衣机。

A 条　　B 台　　C 本　　D 张

❸ 沙滩上有一（　　　）小女孩。

A 个　　B 台　　C 本　　D 张

学校北边是一条步行街。

1 学校北边是一条步行街。
Xuéxiào běibiān shì yì tiáo bùxíngjiē.

2 沙发右边是一个储物柜。
Shāfā yòubiān shì yí ge chǔwùguì.

3 空调左边是一个大衣柜。
Kōngtiáo zuǒbiān shì yí ge dà yīguì.

4 餐厅对面是一个加油站。
Cāntīng duìmiàn shì yí ge jiāyóuzhàn.

5 公司旁边是一个图书馆。
Gōngsī pángbiān shì yí ge túshūguǎn.

6 书店前边是一家咖啡厅。
Shūdiàn qiánbiān shì yì jiā kāfēitīng.

1 학교 북쪽은 보행자 거리(보행자 전용도로)이다.

2 소파 오른쪽이 캐비닛이다.

3 에어컨 왼쪽은 대형 옷장이다.

4 레스토랑 맞은편은 주유소이다.

5 회사 옆이 도서관이다.

6 서점 앞쪽은 커피숍이다.

Skill Up

1. 아래 문제 ❶과 같이 주어진 어구를 활용하여 문장을 완성하세요.

❶

- 学校北边, 一条步行街

› 学校北边是一条步行街。

❷

- 空调左边, 一个大衣柜

›

❸

- 餐厅对面, 一个加油站

›

❹

- 我家旁边, 一个健身房

›

2. 다음 문장에서 제시어가 들어갈 정확한 위치를 찾아보세요.

❶ 公司 A 旁边 B 一个 C 图书馆 D 。 (是)

❷ 沙发 A 是 B 一个 C 储物柜 D 。 (右边)

❸ 书店 A 前边是 B 一 C 咖啡厅 D 。 (家)

客厅里坐着几个人。

1 客厅里坐着几个人。
Kètīng li zuòzhe jǐ ge rén.

2 桌子上放着很多书。
Zhuōzi shàng fàngzhe hěn duō shū.

3 公园里开着许多花。
Gōngyuán li kāizhe xǔduō huā.

4 天上飞着一只鸟。
Tiānshàng fēizhe yì zhī niǎo.

5 天上飘着一朵云。
Tiānshàng piāozhe yì duǒ yún.

6 水里游着一条鱼。
Shuǐ li yóuzhe yì tiáo yú.

1 거실에 몇 사람이 앉아 있다.

2 책상 위에 많은 책이 놓여 있다.

3 공원에 수많은 꽃이 피어 있다.

4 하늘에 새 한 마리가 날고 있다.

5 하늘에 구름 한 송이가 떠 있다.

6 물속에 물고기 한 마리가 헤엄치고 있다.

Skill Up

1. 아래 문제 ❶과 같이 주어진 단어를 활용하여 문장을 완성하세요.

❶

- 客厅里, 坐, 几个人

> 客厅里坐着几个人。

❷

- 桌子上, 放, 很多书

>

❸

- 公园里, 开, 许多花

>

❹

- 马路上, 停, 很多车

>

2. 아래의 문장을 읽고 문장이 올바르면 ✓, 틀리면 ✕를 표시하세요.

❶ 水里游着一条鱼。 (　　)

❷ 天上一朵云飘着。 (　　)

❸ 一只鸟飞着天上。 (　　)

后面出现了一个人。

1 后面出现了一个人。
Hòumiàn chūxiàn le yí ge rén.

2 前面走过来一个人。
Qiánmiàn zǒu guòlái yí ge rén.

3 对面开过来一辆车。
Duìmiàn kāi guòlái yí liàng chē.

4 邻居家里丢了一条狗。
Línjū jiā li diū le yì tiáo gǒu.

5 亲戚家里死了一只猫。
Qīnqi jiā li sǐ le yì zhī māo.

6 他们公司走了很多人。
Tāmen gōngsī zǒu le hěn duō rén.

1 뒤쪽에 한 사람이 나타났다.
2 앞쪽에서 한 사람이 걸어온다.
3 맞은편에서 차 한 대가 달려온다.
4 이웃집에서 개 한 마리를 잃어 버렸다.
5 친척집에 고양이 한 마리가 죽었다.
6 그(들) 회사는 많은 사람이 떠났다.

Skill Up

1. 아래 문제 ❶과 같이 주어진 어구를 활용하여 문장을 완성하세요.

- 邻居家, 丢, 狗

› 邻居家里丢了一条狗。

❷

- 亲戚家, 死, 猫

›

❸

- 他们公司, 走, 人

›

❹

- 家, 丢, 摩托车

›

2. 아래 문장의 빈칸을 채워 주어진 의미에 맞게 완성하세요.

❶ 前面__________一个人。

앞쪽에서 한 사람이 걸어온다.

❷ 后面__________一个人。

뒤쪽에 한 사람이 나타났다.

❸ 对面__________一辆车。

맞은편에서 차 한 대가 달려온다.

Dialogue

회화의 한어병음과 한자를 정확하게 읽어 보세요.

A Lǎobǎn, píngguǒ pángbiān de shì shénme? Wǒ dì yī cì jiàn.

B Zhè shì pántáo, xiànzài zhèng shì yìngjì, hǎochī jí le.

A Zhè jiù shì Sūn Wùkōng tōu chī de nàge “pántáo” a?

B Shì a! Nǐ dǒngde hái zhēn duō! Gēn yìbān de táozi xiāngbǐ, pántáo de kǒugǎn chī qǐlái bǐjiào cuìnèn.

A Nín gěi wǒ lái yì jīn pántáo ba, zěnme mài?

B Bā kuài yì jīn, Wēixìn zhīfù ma?

A Bù, wǒ qiánbāo li zhènghǎo yǒu língqián, gěi nín.

B Hǎo de. Zuìjìn wǒ jiā yòu jìn le yì pī xīn pǐnzhǒng, huānyíng zài lái guānggù!

01-05

A 老板，苹果旁边的是什么？我第一次见。

B 这是蟠桃，现在正是应季，好吃极了。

A 这就是孙悟空偷吃的那个“蟠桃”啊？

B 是啊！你懂得还真多！跟一般的桃子相比，蟠桃的口感吃起来比较脆嫩。

A 您给我来一斤蟠桃吧，怎么卖？

B 八块一斤，微信支付吗？

A 不，我钱包里正好有零钱，给您。

B 好的。最近我家又进了一批新品种，欢迎再来光顾！

A 사장님, 사과 옆의 것은 무엇인가요? 저는 처음 보네요.

B 이것은 감복숭아예요, 지금 한창 제철이라 아주 맛있어요.

A 이것이 바로 손오공이 훔쳐 먹었다던 그 ‘선도’인가요?

B 맞아요! (당신) 많이 알고 계시네요! 일반 복숭아랑 비교하면 감복숭아의 식감은 (먹어 보면) 사각사각하고 부드러워요.

A (저에게) 감복숭아 한 근 주세요. 어떻게 파세요?

B 한 근에 8위안이에요, 위챗 페이로 지불할 건가요?

A 아니요, 제 지갑에 마침 잔돈이 있으니, (그거) 드릴게요.

B 좋아요, 요즘 우리 가게에 또 새로운 품종이 많이 들어왔으니, 다음에 다시 들러 주세요!

Reading

중국의 옛 이야기를 중국어로 읽어 보세요!

Sūn Wùkōng dà nào pántáohuì

Sūn Wùkōng zuò le Qítiān Dàshèng yǐhòu, zhěngtiān méiyǒu shì kě zuò. Yùdì dānxīn Sūn Wùkōng tài wúliáo ér rěchū máfan. Zhènghǎo tiāngōng li yǒu yí ge táoyuán, jiù bǎ tā jiàolái, ràng tā kānzhe táoyuán.

Sūn Wùkōng láidào táoyuán, zhèlǐ zhòngzhe xǔduō táoshù, shù shàng yǒu hěn duō táozi. Tā tīngshuō chī le zhèlǐ de táozi, jì kěyǐ chángshòu, yòu kěyǐ chéngxiān. Tā jiù gāoxìng de chī le qǐlái. Dào le Wángmǔ niángniang kāi pántáohuì de nà tiān, yànhuì shàng lái le hěn duō rén. Kěshì táozi yǐjīng bèi Sūn Wùkōng chīguāng le, bǎ Wángmǔ niángniang de pántáohuì nòng de luànqībāzāo. Hòulái, Sūn Wùkōng hēzuì le jiǔ, tōu chī le xiāndān, zhè cái pǎochū le tiāngōng, huídào le Huāguǒ Shān.

손오공이 선도회를 난장판으로 만들다

손오공은 제천대성이 된 이후 하루 종일 할 일이 없었다. 옥황상제는 손오공이 너무 무료하여 말썽을 부릴까 걱정이 되었다. 마침 천궁에 복숭아밭이 하나 있어 그(손오공)를 불러와 복숭아밭을 지키도록 했다.

손오공이 복숭아밭에 오니(와 보니), 이곳에 복숭아나무가 매우 많이 심어져 있었고, 나무에는 복숭아가 많이 달려 있었다. 그는 이곳의 복숭아를 먹으면 장수하고 신선이 될 수 있다고 들었던 터라, 바로 신나게 복숭아를 먹어 치우기 시작했다. 서왕모의 선도회가 열리던 날, 연회에 많은 사람들이 왔다. 그러나 손오공이 복숭아를 다 먹어 버려, 서왕모의 선도회는 엉망진창이 되어 버렸다. 후에 손오공은 술에 취해 선단을 훔쳐 먹고는 그제야 천궁을 뛰쳐나와 화과산으로 돌아갔다.

孙悟空大闹蟠桃会

孙悟空做了齐天大圣以后，整天没有事可做。玉帝担心孙悟空太无聊而惹出麻烦。正好天宫里有一个桃园，就把他叫来，让他看着桃园。

孙悟空来到桃园，这里种着许多桃树，树上有很多桃子。他听说吃了这里的桃子，既可以长寿，又可以成仙。他就高兴地吃了起来。到了王母娘娘开蟠桃会的那天，宴会上来了很多人。可是桃子已经被孙悟空吃光了，把王母娘娘的蟠桃会弄得乱七八糟。后来，孙悟空喝醉了酒，偷吃了仙丹，这才跑出了天宫，回到了花果山。

Chapter 02

我家的盘子比
这个更好看。

학습 내용

我家的盘子比这个更好看。

这个沙发比那个高档一点儿。

这棵大树有那座房子那么高。

我的笔记本跟他们的一样好用。

我家的盘子比这个更好看。

02-01

1 我家的盘子比这个更好看。
Wǒ jiā de pánzi bǐ zhège gèng hǎokàn.

2 今天的情况比昨天还严重。
Jīntiān de qíngkuàng bǐ zuótiān hái yánzhòng.

3 他比我更喜欢看时尚杂志。
Tā bǐ wǒ gèng xǐhuan kàn shíshàng zázhì.

4 我比你还了解这里的风俗。
Wǒ bǐ nǐ hái liǎojiě zhèlǐ de fēngsú.

5 这条裤子不比那条舒服。
Zhè tiáo kùzi bù bǐ nà tiáo shūfu.

6 这件衬衫不比那件好看。
Zhè jiàn chènshān bù bǐ nà jiàn hǎokàn.

1 우리 집의 접시는 이것보다 더 예쁘다.

2 오늘의 상황이 어제보다 더 심각하다.

3 그는 나보다 패션잡지 보는 것을 더 좋아한다.

4 내가 너보다 이곳의 풍속을 더 잘 안다.

5 이 바지는 저것만큼 편하지 않다.

6 이 셔츠는 저것만큼 예쁘지 않다.

Skill Up

1. 아래 문제 ❶과 같이 주어진 단어를 활용하여 문장을 완성하세요.

- 我家的盘子, 这个, 好看

> 我家的盘子比这个更好看。

❷

- 今天的情况, 昨天, 严重

>

❸

- 这里的风景, 那里, 美丽

>

❹

- 这家的客厅, 我家, 豪华

>

2. 부정부사 '不'를 사용하여 아래 문장을 부정문으로 만들어 보세요.

❶ 这条裤子比那条更舒服。

>

❷ 这条狗比那条更可爱。

>

❸ 这件衬衫比那件更好看。

>

这个沙发比那个高档一点儿。

1 这个沙发比那个高档一点儿。
Zhège shāfā bǐ nàge gāodàng yìdiǎnr.

2 这份工作比以前的轻松一些。
Zhè fèn gōngzuò bǐ yǐqián de qīngsōng yìxiē.

3 女儿比我早起了两个多小时。
Nǚ'ér bǐ wǒ zǎo qǐ le liǎng ge duō xiǎoshí.

4 今年比去年多生产了五千个。
Jīnnián bǐ qùnián duō shēngchǎn le wǔ qiān ge.

5 这次报告他比我总结得更加清楚。
Zhè cì bàogào tā bǐ wǒ zǒngjié de gèng jiā qīngchu.

6 这次的宣传活动组织得比上次好。
Zhè cì de xuānchuán huódòng zǔzhī de bǐ shàng cì hǎo.

1 이 소파가 저것보다 조금 더 고급스럽다.

2 이 일은 예전보다 약간 더 수월하다.

3 딸이 나보다 두어 시간 더 일찍 일어났다.

4 올해는 작년보다 오천 개를 더 많이 생산했다.

5 이번 보고는 그가 나보다 더욱 분명하게 결론지었다.

6 이번 홍보 활동은 지난번보다 잘 구성되었다.

Skill Up

1. 아래 문제 ①과 같이 주어진 어구를 활용하여 문장을 완성하세요.

- 这个沙发，那个，高档一点儿

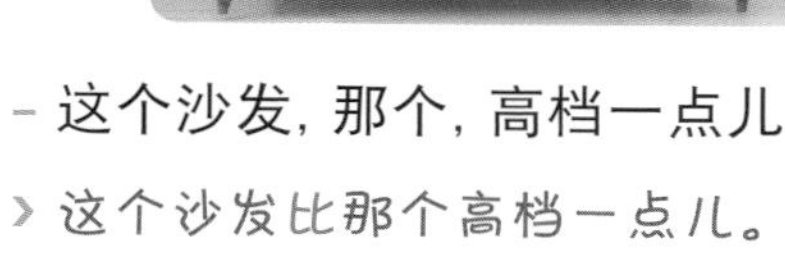

> 这个沙发比那个高档一点儿。

②

- 这份工作，以前，轻松一些

>

- 今年，去年，多生产了5000个

>

④

- 他，我，晚来了一个多小时

>

2. 아래 문장의 빈칸을 채워 주어진 의미에 맞게 완성하세요.

① 这次报告他比我＿＿＿＿＿＿＿＿＿＿＿＿。

이번 보고는 그가 나보다 더욱 분명하게 결론지었다.

② 流行的手机款式弟弟＿＿＿＿＿＿＿＿＿＿＿＿。

유행하는 휴대폰 스타일은 남동생이 나보다 많이 안다.

③ 这次的宣传活动＿＿＿＿＿＿＿＿＿＿＿＿。

이번 홍보 활동은 지난번보다 잘 구성되었다.

这棵大树有那座房子那么高。

1 这棵大树有那座房子那么高。
Zhè kē dà shù yǒu nà zuò fángzi nàme gāo.

2 这个房间有那个房间那么大。
Zhège fángjiān yǒu nàge fángjiān nàme dà

3 这家餐厅的海鲜没有那家的那么新鲜。
Zhè jiā cāntīng de hǎixiān méiyǒu nà jiā de nàme xīnxiān.

4 这场比赛的观众没有上一场的那么多。
Zhè chǎng bǐsài de guānzhòng méiyǒu shàng yì chǎng de nàme duō.

5 我感觉上班时打车不如走路快。
Wǒ gǎnjué shàngbān shí dǎchē bùrú zǒulù kuài.

6 我感觉这里的空气不如以前了。
Wǒ gǎnjué zhèlǐ de kōngqì bùrú yǐqián le.

1 이 큰 나무가 저 집만큼 (그렇게) 높다.

2 이 방은 저 방만큼 (그렇게) 크다.

3 이 식당의 해산물은 저 식당만큼 (그렇게) 신선하지 않다.

4 이 경기의 관중은 지난 경기만큼 (그렇게) 많지 않다.

5 나는 출근할 때 택시 타는 것이 걷는 것만큼 빠르지 않다고 느낀다.

6 나는 이곳의 공기가 예전만 못하다고 느낀다.

Skill Up

1. 아래 문제 ❶과 같이 주어진 단어를 활용하여 문장을 완성하세요.

❶

- 这棵大树, 那座房子, 高

> 这棵大树有那座房子那么高。

❷

- 这个房间, 那个房间, 大

>

❸

- 这家的麻辣烫, 那家, 好吃

>

❹

- 这家的啤酒, 那家, 好喝

>

2. 아래 괄호 안에 들어갈 알맞은 단어를 고르세요.

❶ 这家餐厅的海鲜（　　　）那家的那么新鲜。

A 不　　B 没有　　C 别　　D 跟

❷ 我感觉上班时打车（　　　）坐地铁。

A 不　　B 没有　　C 不如　　D 比

❸ 我感觉这里的空气（　　　）以前了。

A 不　　B 没有　　C 不如　　D 别

我的笔记本跟他们的一样好用。

1 我的笔记本跟他们的一样好用。
Wǒ de bǐjìběn gēn tāmen de yíyàng hǎoyòng.

2 他汉语说得跟中国人一样流利。
Tā Hànyǔ shuō de gēn Zhōngguó rén yíyàng liúlì.

3 我妹妹的个子像妈妈那么高。
Wǒ mèimei de gèzi xiàng māma nàme gāo.

4 我弟弟的脾气不像我这么好。
Wǒ dìdi de píqì bú xiàng wǒ zhème hǎo.

5 我们的爱情一天比一天稳固。
Wǒmen de àiqíng yì tiān bǐ yì tiān wěngù.

6 他的成绩一次比一次有进步。
Tā de chéngjì yí cì bǐ yí cì yǒu jìnbù.

1 내 노트북은 그들 것과 마찬가지로 쓰기 좋다.
2 그는 중국어를 중국인처럼 유창하게 한다.
3 내 여동생의 키는 엄마만큼 (그렇게) 크다.
4 내 남동생의 성격은 나만큼 (이렇게) 좋지는 않다.
5 우리의 사랑은 나날이 견고해졌다.
6 그의 성적은 매 차례 향상되었다.

Skill Up

1. 아래 문제 ①과 같이 주어진 어구를 활용하여 문장을 완성하세요.

①

- 我的笔记本，他们的，好用

› 我的笔记本跟他们的一样好用。

②

- 他汉语说得，中国人，流利

›

③

- 他的个子，我，高

›

④

- 这家公司的待遇，那家，好

›

2. 아래 괄호 안에 들어갈 알맞은 단어를 고르세요.

① 我们的爱情一天（　　　）一天稳固。

A 比　　B 有　　C 像　　D 不如

② 我妹妹的个子（　　　）妈妈那么高。

A 跟　　B 一样　　C 像　　D 不

③ 我弟弟的脾气（　　　）我这么好。

A 跟　　B 一样　　C 不　　D 不像

Dialogue

회화의 한어병음과 한자를 정확하게 읽어 보세요.

A Jīnnián Chūn Jié fàngjià bǐ qùnián duō fàng liǎng tiān, nǐ dǎsuàn zěnme guò?

B Wǒ yǐjīng dìnghǎo chūnyùn huǒchēpiào le, huí lǎojiā hé qīnqi péngyou jù yi jù. Nǐ ne?

A Wǒ yào péi fùmǔ qù guówài lǚxíng. Wǒmen hěn jiǔ méi yìqǐ qù lǚxíng le.
Tīngshuō chènzhe Chūn Jié jiàqī qù hǎiwài yóu de rén yì nián bǐ yì nián duō. Wǒ juéde gěi rén hóngbāo bùrú gěi zìjǐ huā.

B Nǐ jiā de xiǎo péngyoumen tīng le huì shāngxīn de.

A Tāmen xiànzài dōu zhǎngdà le, yāsuìqián gěi de bǐ yǐqián duō de duō. Wǒ de yāobāo kuàiyào bèi tāokōng le.
Chūn Jié huíjiā guònián、hé jiārén tuányuán, yìqǐ chī niányèfàn háishi tǐng xìngfú de! Chūn Jié kuàilè!

B Wǒ yě zhù nǐ Chūn Jié yúkuài, yílù píng'ān!
Jìde bǎ lǚyóu zhàopiàn chuándào Péngyouquān fēnxiǎng yíxià.

A 今年春节放假比去年多放两天，你打算怎么过？

B 我已经订好春运火车票了，回老家和亲戚朋友聚一聚。你呢？

A 我要陪父母去国外旅行。我们很久没一起去旅行了。
听说趁着春节假期去海外游的人一年比一年多。我觉得给人红包不如给自己花。

B 你家的小朋友们听了会伤心的。

A 他们现在都长大了，压岁钱给得比以前多得多。我的腰包快要被掏空了。
春节回家过年、和家人团圆，一起吃年夜饭还是挺幸福的！春节快乐！

B 我也祝你春节愉快，一路平安！记得把旅游照片传到朋友圈分享一下。

A 올해 설은 작년보다 이틀 더 쉬는데, 너는 어떻게 보낼 계획이니?

B 나는 이미 설 기차표를 예매했어. 고향에 가서 친척, 친구들과 모이려고 해. 너는?

A 나는 부모님 모시고 해외여행 가려고. 오랫동안 함께 여행을 못 했어.
설연휴 기간에 해외여행 가는 사람들이 해마다 늘고 있다더라. 세뱃돈 주느니 나 자신한테 돈 쓰는 게 나은 것 같아.

B 너희 집 애들이 들으면 슬퍼하겠다.

A 걔들 이제 다 커서 세뱃돈도 전보다 훨씬 많이 줘야 해. 내 주머니 탈탈 털리겠어.
설에 고향 가서 가족들과 함께 그믐날 저녁 식사하는 건 그래도 행복한 거지! 새해 복 많이 받아!

B 너도 새해 복 많이 받아. 여행 잘 다녀와. 여행 사진 SNS에 올리는 거 잊지 마.

Reading

중국의 옛 이야기를 중국어로 읽어 보세요!

Yāsuìqián de láilì

Gǔdài yǒu yí ge jiào “suì” de xiǎoyāo, hēi shēn bái shǒu. Měi nián de dànián sānshí wǎnshang chūlái, děng háizi shuìzháo le jiù qù mō háizi de tóu. Xiǎohái bèi mōguo hòu, jiù huì fā gāoshāo、shuō mènghuà. Jíshǐ tuìshāo hòu yě méiyǒu yǐqián nàme jiànkāng, hái huì biàn shǎ. Suǒyǐ jiājiā dōu zài chúxī yè “shǒu suì”, liàngzhe dēng zhěng yè bú shuì.

Yǒu yí duì fūqī lǎonián dé zǐ, shífēn zhēn'ài. Dào le dànián sānshí wǎnshang, tāmen pà “suì” lái hài háizi, jiù náchū bā méi tóngqián hé háizi wán. Háizi shuìzháo le, tāmen jiù bǎ bā méi tóngqián yòng hóngzhǐ bāozhe fàngzài háizi de zhěntoubiān. Bànyè li, “suì” gāng shēnshǒu qù mō háizi de tóu, tūrán háizi zhěnbiān chūxiàn yí dào jīnguāng, bèi xià de táopǎo le. Yuánlái bā méi tóngqián shì bāxiān yònglái bǎohù háizi de. Yīnwèi “suì” gēn “suì” fāyīn yíyàng, zhīhòu jiù zhújiàn biànchéng le yāsuìqián.

‘세뱃돈’의 유래

옛날 ‘수(祟)’라 불리는 괴물이 있었는데, 몸은 검고 손은 하얬다. 매년 섣달그믐날 저녁이면 나와서는 아이가 잠들기를 기다렸다가 아이의 머리를 만졌다. 머리가 만져진 아이는 고열이 나고 잠꼬대를 하게 되는데, 열이 떨어졌다 해도 예전처럼 건강해지지 못하고, 바보처럼 되어 버리곤 했다. 그래서 집집마다 섣달그믐날 밤에는 ‘수(祟)를 막기 위해’ 등을 켠 채 밤새 자지 않았다.

한 부부가 노년에 아들을 낳아 끔찍이 아끼고 사랑했다. 섣달그믐날 저녁이 되자 그들은 ‘수’가 와서 아이에게 해를 끼칠까 두려워 동전 여덟 개를 꺼내 아이와 놀았다. 아이가 잠들자 그들은 동전 여덟 개를 빨간 종이에 싸서 아이의 베개 머리맡에 두었다. 한밤중에 ‘수’가 막 손을 뻗어 아이의 머리를 만지려고 하자, 돌연 아이의 베개 머리맡에서 금빛이 나타났고(드러났고) ‘수’는 놀라 달아났다. 원래 여덟 개의 동전은 팔선이 아이를 보호하는 데 쓰던 것이다. ‘祟(suì)’는 ‘岁(suì, 해)’와 발음이 같기 때문에, 후에 점차 ‘压岁钱(yāsuìqián, 세뱃돈)’으로 바뀌게 되었다.

压岁钱的来历

古代有一个叫“祟”的小妖，黑身白手。每年的大年三十晚上出来，等孩子睡着了就去摸孩子的头。小孩被摸过后，就会发高烧、说梦话。即使退烧后也没有以前那么健康，还会变傻。所以家家都在除夕夜“守祟”，亮着灯整夜不睡。

有一对夫妻老年得子，十分珍爱。到了大年三十晚上，他们怕“祟”来害孩子，就拿出八枚铜钱和孩子玩。孩子睡着了，他们就把八枚铜钱用红纸包着放在孩子的枕头边。半夜里，“祟”刚伸手去摸孩子的头，突然孩子枕边出现一道金光，被吓得逃跑了。原来八枚铜钱是八仙用来保护孩子的。因为“祟”跟“岁”发音一样，之后就逐渐变成了压岁钱。

Chapter 03

他有个妹妹在读大学。

학습 내용

他有个妹妹在读大学。

老师经常请我们去他家做客。

哥哥每次在我做作业的时候叫我陪弟弟玩。

这件事使我明白了很多做人的道理。

他有个妹妹在读大学。

1 他有个妹妹在读大学。
Tā yǒu ge mèimei zài dú dàxué.

2 她有个网友叫“游戏王”。
Tā yǒu ge wǎngyǒu jiào “yóuxìwáng”.

3 刚才天上有只鸟飞走了。
Gāngcái tiānshàng yǒu zhī niǎo fēizǒu le.

4 刚才外边有个人找你了。
Gāngcái wàibian yǒu ge rén zhǎo nǐ le.

5 他告诉我有个大学要请汉语老师。
Tā gàosu wǒ yǒu ge dàxué yào qǐng Hànyǔ lǎoshī.

6 我告诉他有个学校招聘中学教师。
Wǒ gàosu tā yǒu ge xuéxiào zhāopìn zhōngxué jiàoshī.

1 그는 대학에 다니는 여동생이 있습니다.

2 그녀는 '게임왕'이라고 불리는 인터넷(랜선) 친구가 있습니다.

3 방금 하늘에 새 한 마리가 날아갔다.

4 방금 밖에서 누가 너를 찾았다.

5 그가 나에게 중국어 선생님을 초빙하려는 대학이 있다고 알려주었다.

6 내가 그에게 중등학교 선생님을 초빙하는 학교가 있다고 알려주었다.

Skill Up

1. 아래 문제 ❶과 같이 주어진 단어를 활용하여 문장을 완성하세요.

❶

- 他, 妹妹, 在读大学

› 他有个妹妹在读大学。

❷

- 她, 网友, 叫 "游戏王"

›

❸

- 天上, 鸟, 飞走了

›

❹

- 前面, 猫, 走过来了

›

2. 아래 문장의 빈칸을 채워 주어진 의미에 맞게 완성하세요.

❶ 他告诉我＿＿＿＿＿＿＿＿＿＿。

그가 나에게 중국어 선생님을 초빙하려는 대학이 있다고 알려주었다.

❷ 我告诉他＿＿＿＿＿＿＿＿＿＿。

내가 그에게 중학교 선생님을 초빙하는 학교가 있다고 알려주었다.

❸ 他告诉我＿＿＿＿＿＿＿＿＿＿。

그가 나에게 농구 코치를 초빙하려는 회사가 있다고 알려주었다.

老师经常请我们去他家做客。

1 老师经常请我们去他家做客。
Lǎoshī jīngcháng qǐng wǒmen qù tā jiā zuòkè.

2 爷爷常常请朋友来家里喝茶。
Yéye chángcháng qǐng péngyou lái jiā li hē chá.

3 那家店常请顾客来免费品尝。
Nà jiā diàn cháng qǐng gùkè lái miǎnfèi pǐncháng.

4 这个新软件非常让人激动。
Zhège xīn ruǎnjiàn fēicháng ràng rén jīdòng.

5 孩子的回答让他十分感动。
Háizi de huídá ràng tā shífēn gǎndòng.

6 那个坏消息让我一夜没睡。
Nàge huài xiāoxi ràng wǒ yíyè méi shuì.

1 선생님은 자주 우리를 그의 집으로 초대하십니다.

2 할아버지는 늘 친구를 집에 초청해 차를 드십니다.

3 그 가게는 자주 단골을 초청해 무료 시식을 합니다.

4 이 새 소프트웨어는 사람들을 흥분하게 만들었다.

5 아이의 대답은 그를 대단히 감동하게 하였다.

6 그 나쁜 소식은 나를 밤새도록 잠 못 들게 하였다.

Skill Up

1. 아래 문제 ❶과 같이 주어진 어구를 활용하여 문장을 완성하세요.

❶ 

– 老师, 我们去他家做客

› 老师请我们去他家做客。

❷ 

– 爷爷, 朋友来家里喝茶

›

❸ 

– 那家店, 顾客来免费品尝

›

❹ 

– 老板, 客户来参观我们公司

›

2. 아래 괄호 안에 들어갈 알맞은 단어를 고르세요.

❶ 这个新软件非常让人（　　　）。

A 激动　　B 活动　　C 动作　　D 运动

❷ 孩子的回答让他（　　　）感动。

A 刚才　　B 十分　　C 都　　D 就

❸ 那个坏消息（　　　）我一夜没睡。

A 被　　B 把　　C 给　　D 让

哥哥每次在我做作业的时候叫我陪弟弟玩。

1 哥哥每次在我做作业的时候叫我陪弟弟玩。
Gēge měicì zài wǒ zuò zuòyè de shíhou jiào wǒ péi dìdi wán.

2 爸爸每次在我要睡觉的时候叫我帮他的忙。
Bàba měicì zài wǒ yào shuìjiào de shíhou jiào wǒ bāng tā de máng.

3 姐姐每次在我要休息的时候叫我收拾房间。
Jiějie měicì zài wǒ yào xiūxi de shíhou jiào wǒ shōushi fángjiān.

4 公司派我去当地进行全面的调查研究。
Gōngsī pài wǒ qù dāngdì jìnxíng quánmiàn de diàochá yánjiū.

5 领导派他来我们这里打听那天的情况。
Lǐngdǎo pài tā lái wǒmen zhèlǐ dǎting nà tiān de qíngkuàng.

6 政府派专家到那里去进行详细的检查。
Zhèngfǔ pài zhuānjiā dào nàlǐ qù jìnxíng xiángxì de jiǎnchá.

1 형(오빠)은 매번 내가 숙제할 때 나에게 남동생과 놀아 주라고 한다.
2 아빠는 매번 내가 자려고 할 때 나에게 (자신의 일을) 도와달라고 한다.
3 언니(누나)는 매번 내가 쉬려고 할 때 방을 정리하라고 한다.
4 회사가 나를 현지에 파견하여 전면적인 조사연구를 하도록 하였다.
5 대표가 그를 우리한테 보내 그날의 상황을 알아보도록(물어보도록) 하였다.
6 정부는 전문가를 그곳에 파견하여 세밀한 검사(정밀 검사)를 하도록 하였다.

Skill Up

1. 아래 문제 ❶과 같이 주어진 단어를 활용하여 문장을 완성하세요.

❶

- 哥哥，我做作业，我陪弟弟玩

> 哥哥每次在我做作业的时候叫我陪弟弟玩。

❷

- 爸爸，我要睡觉，我帮他的忙

>

❸

- 姐姐，我要休息，我收拾房间

>

❹

- 妈妈，我玩游戏，我去取酸奶

>

2. 다음 문장에서 제시어가 들어갈 정확한 위치를 찾아보세요.

❶ 公司 A 我 B 去当地 C 进行 D 全面的调查研究。 (派)

❷ 领导派他 A 来我们 B 这里 C 那天的情况 D。 (打听)

❸ 政府 A 派专家 B 到那里去 C 详细的 D 检查。 (进行)

这件事使我明白了很多做人的道理。

1 这件事使我明白了很多做人的道理。
Zhè jiàn shì shǐ wǒ míngbai le hěn duō zuòrén de dàolǐ.

2 这本书使他了解了很多中国的情况。
Zhè běn shū shǐ tā liǎojiě le hěn duō Zhōngguó de qíngkuàng.

3 这支歌使我想起了很多儿时的回忆。
Zhè zhī gē shǐ wǒ xiǎngqǐ le hěn duō érshí de huíyì.

4 他的故事令很多人感到激动。
Tā de gùshi lìng hěn duō rén gǎndào jīdòng.

5 他的决定令所有人感到吃惊。
Tā de juédìng lìng suǒyǒu rén gǎndào chījīng.

6 这次流感令许多人感到不安。
Zhè cì liúgǎn lìng xǔduō rén gǎndào bù'ān.

1 이 일은 내가(나로 하여금) 인간으로서의 도리를 많이 깨닫게 했다.
2 이 책은 그가(그로 하여금) 중국의 상황에 대해 많이 이해하게 했다.
3 이 노래는 내가(나로 하여금) 어렸을 때 기억이 많이 생각나게 했다.
4 그의 이야기는 많은 사람들을 흥분하게 했다.
5 그의 결정은 모든 사람들을 놀라게 했다.
6 이번 유행성 감기는 많은 사람들을 불안하게 했다.

Skill Up

1. 아래 문제 ❶과 같이 주어진 어구를 활용하여 문장을 완성하세요.

❶

– 她的故事, 很多人, 感到激动

› 她的故事令很多人感到激动。

❷

– 他的决定, 所有人, 感到吃惊

›

❸

– 这次流感, 许多人, 感到不安

›

❹

– 领导的话, 我们, 感到愉快

›

2. 아래 괄호 안에 들어갈 알맞은 단어를 고르세요.

❶ 这件事（　　　）我明白了很多做人的道理。

A 对　　B 给　　C 把　　D 使

❷ 这本书使他（　　　）了很多中国的情况。

A 解　　B 了解　　C 打听　　D 调查

❸ 这支歌使我想起了很多儿时的（　　　）。

A 回忆　　B 时间　　C 回答　　D 时候

Dialogue

회화의 한어병음과 한자를 정확하게 읽어 보세요.

A Zuótiān wǒ kàn le diànyǐng《Mùlán》.

B Wǒ běnlái xiǎng qǐng nǐ kàn nà bù diànyǐng de, jìrán nǐ yǐjīng kànguo le, nà jiù shuōshuo nǐ de gǎnxiǎng ba.

A Hěn yǒu yìsi. Shì yí ge ràng rén hěn gǎndòng de gùshi.

B Ǹg, nǚ'ér tì bàba shàng zhànchǎng dǎzhàng, lì le hěn duō zhàngōng, shí'èr nián hòu cái huí jiā, quèshí shì yí ge hěn gǎnrén de gùshi.

A Tā gēn Hánguó gǔdài xiǎoshuō zhōng de Shěnqīng yíyàng xiàoshùn.《Mùlán》yě shì xiǎoshuō ma?

B Bù, zhè shì yì shǒu shī, tōngguò《Mùlán Shī》néng liǎojiě dào hěn duō dāngshí de shēnghuó hé fēngsú.

A Wà, méi xiǎngdào nǐ dǒngde hái tǐng duō!

B Wǒ yìzhí duì gǔ Hànyǔ wénxué hěn gǎn xìngqù. Xià cì zài yǒu hǎokàn de Zhōngguó diànyǐng, wǒ qǐng nǐ qù kàn ba.

03-05

A 昨天我看了电影《木兰》。

B 我本来想请你看那部电影的，既然你已经看过了，那就说说你的感想吧。

A 很有意思。是一个让人很感动的故事。

B 嗯，女儿替爸爸上战场打仗，立了很多战功，12年后才回家，确实是一个很感人的故事。

A 她跟韩国古代小说中的沈清一样孝顺。《木兰》也是小说吗？

B 不，这是一首诗，通过《木兰诗》能了解到很多当时的生活和风俗。

A 哇，没想到你懂得还挺多！

B 我一直对古汉语文学很感兴趣。下次再有好看的中国电影，我请你去看吧。

A 어제 나 영화《목란》을 봤어.

B 내가 원래 그 영화를 네게 보여 주려고 했었는데, 네가 이미 봤다고 하니 그럼 소감을 좀 말해 봐.

A 재밌었어. 매우 감동적인(사람을 매우 감동시키는) 이야기야.

B 응(그래). 딸이 아버지를 대신해 전쟁터에 나가 싸우면서, 큰 공을 세우고 12년 만에야 겨우 집에 돌아왔으니, 확실히 매우 감명적인 이야기지.

A 그녀(목란)는 한국 고대 소설에 나오는 심청과 마찬가지로 효성스럽네.《목란》도 소설이야?

B 아니, 이건 시야,《목란시》를 통해 당시의 생활과 풍속을 많이 알 수 있어.

A 와, 네가 아는 게 이렇게 많을 줄 몰랐는걸!

B 나는 줄곧 고대중국어문학에 관심을 가지고 있었거든. 다음에 또 괜찮은 중국영화가 있으면 내가 (너에게) 보여 줄게.

Reading

중국의 옛 이야기를 중국어로 읽어 보세요!

Huā Mùlán tì fù cóngjūn

Huā jiā yǒu ge xiǎo nǚ'ér jiào Mùlán, tā cóngxiǎo gēnzhe fùqīn dú shū liàn wǔ, cōngming nénggàn. Yǒu yì tiān, Huā jiā lái le yí fèn gōngwén, shuō biānjiāng dǎzhàng le, huángdì xià lìng zhēngbīng, ràng tā fùqīn shàng zhànchǎng. Zhège xiāoxi ràng Mùlán hěn nánshòu, fùqīn yǐjīng nián mài, bìng de hěn yánzhòng. Mùlán yào tì fùqīn shàng zhànchǎng, fùqīn fǎnduì shuō: "Bùxíng! Nǐ zhōngjiū shì ge nǚ háizi a! Zěnme néng hé nán háizimen yìqǐ qù dǎzhàng ne?" Kě tā réngrán hěn jiāndìng de duì fùqīn shuō: "Wèi shénme zhǐ ràng nán háizi shàng zhànchǎng, nándào nǚ háizi jiù bù néng shàng zhànchǎng ma? Suīrán wǒ shì ge nǚ háizi, dàn wǒ cóngxiǎo gēnzhe fùqīn dú shū liàn wǔ, wèi de jiù shì bǎo jiā wèi guó. Jiā li méiyǒu rén néng tì fùqīn shàng zhànchǎng, zhǐyǒu wǒ cái néng qù." Mùlán de fùqīn kàndào nǚ'ér zhèyàng jiānchí, yě zhǐhǎo yǔnxǔ tā shàng zhànchǎng le.

화무란이 아버지를 대신하여 종군하다

화씨 가문에 무란(목란)이라 불리는 어린 딸이 있었는데, 그녀는 어릴 때부터 아버지를 따라 책을 읽고 무예를 연마했으며, 총명하고 유능했다. 어느 날, 화씨 가문에 공문이 한 장 왔는데, 변경에서 전쟁이 일어나 황제가 징병을 명하였고, 그녀의 아버지가 전쟁터로 가야 한다는 내용이었다. 이 소식은 무란(목란)을 매우 견디기 어렵게 만들었다. 아버지는 이미 연로하였고 병도 위중하셨기 때문이었다. 무란(목란)은 아버지를 대신하여 전쟁터로 가고자 하였는데, 아버지는 반대하며 말하기를 "안 된다! 너는 결국 여자 아이다! 어떻게 남자들과 함께 전쟁에 나갈 수 있겠느냐?"라고 하였다. 그러나 그녀는 변함없이 확고하게 아버지에게 말하기를 "왜 남자들만 전쟁터에 갈 수 있나요, 여자들은 전쟁터에 갈 수 없다는 말인가요? 제가 비록 여자이지만 어릴 때부터 아버지를 따라 글을 읽고 무예를 연마한 것은 바로 집을 지키고 나라를 지키기 위해서였습니다. 집안에 아버지를 대신해 전쟁터에 갈 수 있는 사람도 없으니 제가 가는 수밖에 없습니다."라고 하였다. 무란(목란)의 아버지는 딸의 이런 확고한 모습을 보고 전장에 나가는 것을 허락할 수밖에 없었다.

花木兰替父从军

花家有个小女儿叫木兰，她从小跟着父亲读书练武，聪明能干。有一天，花家来了一份公文，说边疆打仗了，皇帝下令征兵，让她父亲上战场。这个消息让木兰很难受，父亲已经年迈，病得很严重。木兰要替父亲上战场，父亲反对说：“不行！你终究是个女孩子啊！怎么能和男孩子们一起去打仗呢？”可她仍然很坚定地对父亲说：“为什么只让男孩子上战场，难道女孩子就不能上战场吗？虽然我是个女孩子，但我从小跟着父亲读书练武，为的就是保家卫国。家里没有人能替父亲上战场，只有我才能去。”木兰的父亲看到女儿这样坚持，也只好允许她上战场了。

Chapter 04

你可以把书架搬到客厅里。

학습 내용

你可以把书架搬到客厅里。

这件事把他急得冒大汗。

他的自行车被小王给骑走了。

那本小说昨天叫人给借走了。

你可以把书架搬到客厅里。

1 你可以把书架搬到客厅里。
Nǐ kěyǐ bǎ shūjià bāndào kètīng li.

2 你可以把包裹寄到我家里。
Nǐ kěyǐ bǎ bāoguǒ jìdào wǒ jiā li.

3 你可以把箱子放在桌子下。
Nǐ kěyǐ bǎ xiāngzi fàngzài zhuōzi xià.

4 你可以把衣服挂在柜子里。
Nǐ kěyǐ bǎ yīfu guàzài guìzi li.

5 他把那本书借给朋友了。
Tā bǎ nà běn shū jiègěi péngyou le.

6 他把明信片寄给父母了。
Tā bǎ míngxìnpiàn jìgěi fùmǔ le.

1 당신은 책장을 거실로 옮겨도 돼요.

2 당신은 우편물을 우리 집으로 보내도 됩니다.

3 당신은 상자를 책상 아래에 둬도 괜찮아요.

4 당신은 옷을 옷장에 걸어도 괜찮습니다.

5 그는 그 책을 친구에게 빌려 주었다.

6 그는 엽서를 부모님에게 부쳤다.

Skill Up

1. 아래 문제 ❶과 같이 주어진 단어를 활용하여 문장을 완성하세요.

❶ 

- 书架, 搬, 客厅里

› 你可以把书架搬到客厅里。

❷ 

- 包裹, 寄, 我家里

›

❸ 

- 衣服, 挂, 柜子里

›

❹ 

- 信用卡, 放, 钱包里

›

2. 아래 괄호 안에 들어갈 알맞은 단어를 고르세요.

❶ 他把明信片寄（　　　）父母了。

A 给　　B 在　　C 到　　D 对

❷ 我把洗衣机搬（　　　）阳台了。

A 给　　B 在　　C 到　　D 向

❸ 她把自行车停（　　　）楼下了。

A 给　　B 在　　C 向　　D 往

这件事把他急得冒大汗。

1 这件事把他急得冒大汗。
Zhè jiàn shì bǎ tā jí de mào dà hàn.

2 今天把我冻得直打哆嗦。
Jīntiān bǎ wǒ dòng de zhí dǎ duōsuo.

3 我们一定要把这里建成美丽的花园。
Wǒmen yídìng yào bǎ zhèlǐ jiànchéng měilì de huāyuán.

4 他要把自己锻炼成一名优秀运动员。
Tā yào bǎ zìjǐ duànliànchéng yì míng yōuxiù yùndòngyuán.

5 我们把好朋友叫做“死党”。
Wǒmen bǎ hǎo péngyou jiàozuò “sǐdǎng”.

6 我们把这里当做自己家。
Wǒmen bǎ zhèlǐ dàngzuò zìjǐ jiā.

1 이 일로 그는 조급해서 진땀을 흘렸다.

2 오늘 나는 추워서 계속 (몸을) 덜덜 떨었다.

3 우리는 반드시 이곳을 아름다운 정원으로 만들 것이다.

4 그는 자신을 단련시켜 훌륭한 운동선수가 될 것이다.

5 우리는 (아주) 친한 친구를 ‘절친’이라고 부른다.

6 우리는 이곳을 제 집처럼 여긴다.

Skill Up

1. 아래 문제 ❶과 같이 주어진 어구를 활용하여 문장을 완성하세요.

❶ 

- 急, 冒大汗

> 把他急得冒大汗。

❷ 

- 冻, 直打哆嗦

>

❸ 

- 感动, 直掉眼泪

>

❹ 

- 激动, 一夜没睡

>

2. 다음 문장에서 제시어가 들어갈 정확한 위치를 찾아보세요.

❶ 他 A 把 B 自己 C 锻炼成 D 一名优秀运动员。 (要)

❷ 你们 A 把 B 这里 C 当 D 自己家。 (做)

❸ 我们 A 一定要 B 把这里 C 建 D 美丽的花园。 (成)

他的自行车被小王给骑走了。

1 他的自行车被小王给骑走了。
Tā de zìxíngchē bèi Xiǎo Wáng gěi qízǒu le.

2 他家的小狗被小李给带走了。
Tā jiā de xiǎo gǒu bèi Xiǎo Lǐ gěi dàizǒu le.

3 奶奶的围巾被大风给吹走了。
Nǎinai de wéijīn bèi dà fēng gěi chuīzǒu le.

4 工人们的建议已被公司所采纳。
Gōngrénmen de jiànyì yǐ bèi gōngsī suǒ cǎinà.

5 小李被窗外漂亮的风景所吸引。
Xiǎo Lǐ bèi chuāng wài piàoliang de fēngjǐng suǒ xīyǐn.

6 我们都被电视剧的剧情所感动。
Wǒmen dōu bèi diànshìjù de jùqíng suǒ gǎndòng.

1 그의 자전거를 샤오왕이 타고 갔다.

2 그 집(의) 강아지를 샤오리가 데려갔다.

3 할머니의 목도리가 바람에 날아갔다.

4 근로자들의 건의가 회사에 채택되었다.

5 샤오리는 창밖의 아름다운 풍경에 매료되었다.

6 우리는 모두 드라마의 스토리에 감동했다.

Skill Up

1. 아래 문제 ❶과 같이 주어진 단어를 활용하여 문장을 완성하세요.

❶

– 他的自行车, 小王, 骑

› 他的自行车被小王给骑走了。

❷

– 他家的小狗, 小李, 带

›

❸

– 她的围巾, 大风, 吹

›

❹

– 我家的沙发, 别人, 买

›

2. 아래 괄호 안에 들어갈 알맞은 단어를 고르세요.

❶ 工人们的（　　　）已被公司所采纳。

A 建成　　B 会议　　C 建议　　D 健康

❷ 小李被窗外漂亮的（　　　）所吸引。

A 风景　　B 大风　　C 美丽　　D 死党

❸ 我们都被电视剧的（　　　）所感动。

A 事情　　B 剧情　　C 风景　　D 情况

那本小说昨天叫人给借走了。

1 那本小说昨天叫人给借走了。
Nà běn xiǎoshuō zuótiān jiào rén gěi jièzǒu le.

2 那个箱子刚才叫人给抬走了。
Nà ge xiāngzi gāngcái jiào rén gěi táizǒu le.

3 教室都让我们给扫干净了。
Jiàoshì dōu ràng wǒmen gěi sǎo gānjìng le.

4 啤酒都让他们给喝干净了。
Píjiǔ dōu ràng tāmen gěi hē gānjìng le.

5 别让人给带坏了。
Bié ràng rén gěi dàihuài le.

6 别让人给忽悠了。
Bié ràng rén gěi hūyou le.

1 그 소설은 어제 다른 사람이 빌려 갔어요.
2 그 상자는 방금 다른 사람이 들고 갔어요.
3 강의실을 우리가 다 깨끗하게 청소했다.
4 맥주를 그들이 다 남김없이 마셔 버렸다.
5 다른 사람에게 나쁜 물들지 마.
6 다른 사람에게 속지 마.

Skill Up

1. 아래 문제 ❶과 같이 주어진 어구를 활용하여 문장을 완성하세요.

❶ 

- 教室, 扫干净

> 教室都让他们给扫干净了。

❷ 

- 啤酒, 喝干净

>

❸ 

- 盘子, 擦干净

>

❹ 

- 房间, 收拾干净

>

2. 아래의 문장을 읽고 문장이 올바르면 ✓, 틀리면 ✕를 표시하세요.

❶ 那本小说昨天让人借走了。 (　　)

❷ 让人别给忽悠了。 (　　)

❸ 那个箱子叫人给抬了。 (　　)

Dialogue

회화의 한어병음과 한자를 정확하게 읽어 보세요.

A Nǐ shàngcì qù Hángzhōu Xī Hú de shíhou, páguo Léifēng Tǎ ma?

B Dāngrán pá le, dōu bǎ wǒ lèihuài le.

A Shì ma? Léifēng Tǎ zhǐyǒu wǔ céng, zěnme jiù bǎ nǐ lèichéng nàyàng le?

B Nà tiān tèbié rè, wǒ yòu shì yóuwán Xī Hú yǐhòu zài qù pá de, bǎ wǒ lèi de liǎng tuǐ zhí dǎ duōsuo.

A Guàibude nǐ huì pá de nàme lèi. Nǐ yě kěyǐ xuǎnzé zuò diàntī ma.

B Zuò diàntī shàngqù bú jiù bèi nǐ gěi kànbiǎn le ma? Zǒu shàngqù lèi shì lèi, búguò tǎ dǐng de fēngjǐng shízài shì tài měi le, ràng rén nánwàng.

A Nà nǐ yīnggāi tīngshuō guo guānyú Léifēng Tǎ de mínjiān gùshi 《Báishé Zhuàn》 ba.

B Shì a. Méi xiǎngdào Léifēng Tǎ jìngrán huì yǒu zhème yí duàn měilì de àiqíng gùshi.

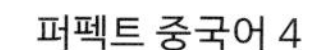

04-05

A 你上次去杭州西湖的时候，爬过雷峰塔吗？

B 当然爬了，都把我累坏了。

A 是吗？雷峰塔只有五层，怎么就把你累成那样了？

B 那天特别热，我又是游完西湖以后再去爬的，把我累得两腿直打哆嗦。

A 怪不得你会爬得那么累。你也可以选择坐电梯嘛。

B 坐电梯上去不就被你给看扁了吗？走上去累是累，不过塔顶的风景实在是太美了，让人难忘。

A 那你应该听说过关于雷峰塔的民间故事《白蛇传》吧。

B 是啊。没想到雷峰塔竟然会有这么一段美丽的爱情故事。

A 너 지난번에 항저우 시후 갔을 때, 뇌봉탑에 올라갔었어?

B 당연히 올라갔지. 정말 힘들어 죽는 줄 알았네(나를 완전 지쳐 쓰러지게 만들었어).

A 그래? 뇌봉탑은 5층밖에 안 되는데, 어떻게 너를 그렇게 지치게 한 걸까?(그렇게 힘들 리는 없는데)

B 그날 유달리 더웠는데, 내가 또 시후를 다 돌아다닌 다음에 올라간 거라, 양쪽 다리가 후들거릴 정도로 힘들었어.

A 그래서 그렇게 힘들게 올라갈 수밖에 없었구나. 엘리베이터를 타도 됐을 텐데.

B 엘리베이터를 타고 올라갔다면 네가 얼마나 무시했겠냐? 걸어서 올라가면 힘들긴 한데 그래도 탑 정상의 풍경이 그야말로(정말이지) 너무 아름다워서 잊을 수가 없어.

A 그럼 너는 뇌봉탑에 얽힌 민간고사《백사전》에 관해 당연히 들어봤겠구나.

B 응. 뇌봉탑에 이렇게 아름다운 사랑 이야기가 있을 줄은 몰랐어.

Reading 중국의 옛 이야기를 중국어로 읽어 보세요!

Báishé Zhuàn

Hěn jiǔ yǐqián, Éméi Shān shàng yǒu yì tiáo bái shé. Xiūliàn qiān nián, bǎ zìjǐ xiūliàn chéng yí wèi měilì de shàonǚ láidào rénjiān, míng jiào Bái Sùzhēn. Yì tiān, Bái Sùzhēn láidào Xī Hú yóuwán, xīnshǎng měilì de fēngjǐng. Tūrán, tiān xiàqǐ yǔ lái, zhèng fánnǎo bù zhīdào qù nǎli duǒ yǔ de shíhou, yì bǎ yǔsǎn chūxiàn zài yǎn qián. Yí wèi niánqīng de shūshēng zhànzài tā shēn hòu, zhè wèi shūshēng míng jiào Xǔ Xiān. Bái Sùzhēn jiàn Xǔ Xiān hěn shànliáng, jiù xǐhuan shàng le tā, Xǔ Xiān yě xǐhuan shàng le měilì de Bái Sùzhēn. Bùjiǔ tāmen jiù jiéwéi le fūqī, liǎng ge rén kāi le yì jiā yàodiàn, zhì bìng jiù rén. Shànliáng de Bái Sùzhēn hái miǎnfèi wèi qióngrén kàn bìng zhuā yào, rénmen dōu jiào tā “Bái niángzǐ”.

백사전

아주 오래 전에 아미산에 백사 한 마리가 있었다. 천 년 동안 수련하여, 자신을 아름다운 소녀로 만든 뒤, 인간 세상으로 왔는데, 이름을 백소정(바이수전)이라 하였다. 하루는 백소정이 시후에 놀러 와, 아름다운 풍경을 감상하고 있었다. 갑자기 하늘에서 비가 내리기 시작해, 마침 어디로 가서 비를 피할지 몰라 걱정하고 있던 차에, 우산 하나가 눈앞에 나타났다. 한 젊은 서생이 그녀의 뒤에 서 있었는데, 이 서생은 이름이 허선(쉬셴)이라 하였다. 백소정이 보니 허선이 매우 착해, 그를 좋아하게 되었고, 허선도 아름다운 백소정을 좋아하게 되었다. 얼마 지나지 않아 그들은 부부의 연을 맺었고, 두 사람은 약방을 차려, (사람들의) 병을 치료하고 생명을 구했다. 마음씨가 고운 백소정은 또 무료로 가난한 사람들을 진찰해 주고, 약을 처방해 주었으니, 사람들은 모두 그녀를 '백낭자'라 불렀다.

白蛇传

很久以前，峨眉山上有一条白蛇。修炼千年，把自己修炼成一位美丽的少女来到人间，名叫白素贞。一天，白素贞来到西湖游玩，欣赏美丽的风景。突然，天下起雨来，正烦恼不知道去哪里躲雨的时候，一把雨伞出现在眼前。一位年轻的书生站在她身后，这位书生名叫许仙。白素贞见许仙很善良，就喜欢上了他，许仙也喜欢上了美丽的白素贞。不久他们就结为了夫妻，两个人开了一家药店，治病救人。善良的白素贞还免费为穷人看病抓药，人们都叫她“白娘子”。

Chapter 05

我们先去商店买衣服，然后去饭馆吃饺子。

학습 내용

我们先去商店买衣服，然后去饭馆吃饺子。

我们先参观北京大学，接着参观了博物馆。

他参观了工厂，并提出了许多解决方法。

他努力打工赚钱，从而解决了学费问题。

我们先去商店买衣服，然后去饭馆吃饺子。

1 我们先去商店买衣服，然后去饭馆吃饺子。
Wǒmen xiān qù shāngdiàn mǎi yīfu, ránhòu qù fànguǎn chī jiǎozi.

2 我们先去学校踢足球，然后去练歌房唱歌。
Wǒmen xiān qù xuéxiào tī zúqiú, ránhòu qù liàngēfáng chànggē.

3 哥哥总是先打扫房间，然后做饭，再看电视。
Gēge zǒngshì xiān dǎsǎo fángjiān, ránhòu zuò fàn, zài kàn diànshì.

4 爷爷总是先出去运动，然后洗澡，再吃早饭。
Yéye zǒngshì xiān chūqù yùndòng, ránhòu xǐzǎo, zài chī zǎofàn.

5 首先经理发表计划，然后大家进行讨论。
Shǒuxiān jīnglǐ fābiǎo jìhuà, ránhòu dàjiā jìnxíng tǎolùn.

6 首先顾客提出问题，然后大家进行分析。
Shǒuxiān gùkè tíchū wèntí, ránhòu dàjiā jìnxíng fēnxī.

1 우리는 먼저 상점에 가서 옷을 사고 난 다음 식당에 가서 만두를 먹는다.
2 우리는 먼저 학교에 가서 축구를 한 다음 노래방에 가서 노래를 한다.
3 오빠는 늘 먼저 방을 청소한 다음 밥을 하고 다시 텔레비전을 본다.
4 할아버지는 늘 먼저 나가서 운동한 다음 샤워하고 다시 아침을 드신다.
5 우선 대표가 계획을 발표한 다음 모두(전체) 토론을 진행한다.
6 우선 고객이 문제를 제기한 다음 모두(전체) 분석을 진행한다.

Skill Up

1. 아래 문제 ❶과 같이 주어진 단어를 활용하여 문장을 완성하세요.

❶

- 去商店买衣服，去饭馆吃饺子

› 我们先去商店买衣服，然后去饭馆吃饺子。

❷

- 去学校踢足球，去练歌房唱歌

›

❸

- 去图书馆学习，去食堂吃饭

›

❹

- 去咖啡厅喝咖啡，去健身房健身

›

2. 아래 괄호 안에 들어갈 알맞은 단어를 고르세요.

❶ 哥哥总是先打扫房间，然后做饭，（　　　）看电视。

A 后　　B 再　　C 还　　D 又

❷ 首先顾客提出问题，（　　　）大家进行分析。

A 先　　B 再　　C 然后　　D 后

❸ 首先经理发表计划，然后大家（　　　）讨论。

A 调查　　B 发表　　C 采纳　　D 进行

我们先参观北京大学，接着参观了博物馆。

1 我们先参观北京大学，接着参观了博物馆。
Wǒmen xiān cānguān Běijīng Dàxué, jiēzhe cānguān le bówùguǎn.

2 我们先举行欢迎仪式，接着举行了联欢会。
Wǒmen xiān jǔxíng huānyíng yíshì, jiēzhe jǔxíng le liánhuānhuì.

3 他先考了笔试，紧接着参加了面试。
Tā xiān kǎo le bǐshì, jǐn jiēzhe cānjiā le miànshì.

4 他先打开书包，紧接着开始写作业。
Tā xiān dǎkāi shūbāo, jǐn jiēzhe kāishǐ xiě zuòyè.

5 我先把米洗干净，接着放进锅中，然后插上插头。
Wǒ xiān bǎ mǐ xǐ gānjìng, jiēzhe fàngjìn guō zhōng, ránhòu chāshàng chātóu.

6 我们先提出问题，接着分析问题，然后解决问题。
Wǒmen xiān tíchū wèntí, jiēzhe fēnxī wèntí, ránhòu jiějué wèntí.

1 우리는 먼저 베이징대학교를 참관하고, 이어서 박물관을 참관했다.
2 우리는 먼저 환영식을 개최하고, 이어서 환영파티를 열었다.
3 그는 먼저 필기시험을 보고, 곧이어 면접에 참가했다.
4 그는 먼저 책가방을 열고, 곧이어 숙제를 시작한다.
5 나는 먼저 쌀을 깨끗하게 씻고 나서 솥에 넣고, 그런 다음 플러그를 꽂았다.
6 우리는 먼저 문제를 제기하고 나서 문제를 분석하고, 그런 다음 문제를 해결한다.

Skill Up

1. 아래 문제 ❶과 같이 주어진 어구를 활용하여 문장을 완성하세요.

❶

– 参观, 北京大学, 博物馆

› 我们先参观北京大学，接着参观了博物馆。

❷

– 举行, 欢迎仪式, 联欢会

›

❸

– 学习, 汉语, 英语

›

❹

– 打扫, 教室, 球场

›

2. 다음 문장에서 제시어가 들어갈 정확한 위치를 찾아보세요.

❶ 他先 A 考了 B 笔试，C 参加了面试 D 。 (紧接着)

❷ A 我先把米 B 洗干净，C 接着放进锅中，D 插上插头。 (然后)

❸ A 我们 B 提出问题，接着 C 分析问题，然后 D 问题。 (先)

他参观了工厂，并提出了许多解决方法。

1 他参观了工厂，并提出了许多解决方法。
Tā cānguān le gōngchǎng, bìng tíchū le xǔduō jiějué fāngfǎ.

2 他接受了建议，并提出了今后合作计划。
Tā jiēshòu le jiànyì, bìng tíchū le jīnhòu hézuò jìhuà.

3 经验是很宝贵的，而获得经验往往需要付出代价。
Jīngyàn shì hěn bǎoguì de, ér huòdé jīngyàn wǎngwǎng xūyào fùchū dàijià.

4 每个小组都不错，而第三组的作品是最有创意的。
Měi ge xiǎozǔ dōu búcuò, ér dì sān zǔ de zuòpǐn shì zuì yǒu chuàngyì de.

5 人们都知道塑料袋容易污染环境，便不再使用塑料袋。
Rénmen dōu zhīdào sùliàodài róngyì wūrǎn huánjìng, biàn bú zài shǐyòng sùliàodài.

6 他们知道考上北京大学很不容易，便夜以继日地读书。
Tāmen zhīdào kǎoshàng Běijīng Dàxué hěn bù róngyì, biàn yèyǐjìrì de dúshū.

1 그는 공장을 참관하고 (그리고) 많은 해결 방법을 제시했다.
2 그는 건의를 받아들이고 (그리고) 향후 협력 계획을 제시했다.
3 경험은 매우 귀중한 것으로, 경험을 얻는 데는 종종 대가를 치러야 한다.
4 모든 조가 다 훌륭하고, 세 번째 조의 작품이 가장 창의적이다.
5 사람들은 모두 비닐봉지가 환경을 오염시키기 쉽다는 것을 알아서, 다시는 비닐봉지를 사용하지 않는다.
6 그들은 베이징대학교에 합격하는 것이 쉽지 않다는 것을 알아서, 밤낮으로 열심히 공부한다.

Skill Up

1. 아래 문제 ❶과 같이 주어진 단어를 활용하여 문장을 완성하세요.

❶

- 参观工厂，提出很多解决方法

› 他参观了工厂，并提出了很多解决方法。

❷

- 接受建议，提出今后合作计划

›

- 打扫房间，收拾书房的旧东西

›

❹

- 接受意见，进行全面调查研究

›

2. 아래 괄호 안에 들어갈 알맞은 단어를 고르세요.

❶ 人们都知道塑料袋容易污染环境，（　　　）不再使用塑料袋。

A 便　　B 还　　C 都　　D 又

❷ 经验是很宝贵的，（　　　）获得经验往往需要付出代价。

A 便　　B 而　　C 并　　D 又

❸ 他们知道考上北京大学很不容易，（　　　）夜以继日地读书。

A 便　　B 再　　C 并　　D 又

他努力打工赚钱，从而解决了学费问题。

1 他努力打工赚钱，从而解决了学费问题。
Tā nǔlì dǎgōng zhuànqián, cóng'ér jiějué le xuéfèi wèntí.

2 他积极参加活动，从而锻炼了社交能力。
Tā jījí cānjiā huódòng, cóng'ér duànliàn le shèjiāo nénglì.

3 他不断提出要求，从而改善了学习环境。
Tā búduàn tíchū yāoqiú, cóng'ér gǎishàn le xuéxí huánjìng.

4 父亲看我们表现得很不错，于是打算给我们礼物。
Fùqīn kàn wǒmen biǎoxiàn de hěn búcuò, yúshì dǎsuàn gěi wǒmen lǐwù.

5 经理看员工工作得很努力，于是决定请大家吃饭。
Jīnglǐ kàn yuángōng gōngzuò de hěn nǔlì, yúshì juédìng qǐng dàjiā chī fàn.

6 老师看大家学习得很认真，于是打算给我们奖励。
Lǎoshī kàn dàjiā xuéxí de hěn rènzhēn, yúshì dǎsuàn gěi wǒmen jiǎnglì.

1 그는 열심히 아르바이트해서 돈을 벌어 (이로써) 학비 문제를 해결했다.
2 그는 적극적으로 활동에 참가하여 (이로써) 사교 능력을 길렀다.
3 그는 끊임없이 요구 사항을 제시하여 (이로써) 학습 환경을 개선했다.
4 아버지는 우리가 꽤 괜찮게 하는 걸 보시고 (그래서) 우리에게 선물을 주려고 하신다.
5 매니저는 직원들이 열심히 일하는 것을 보고 (그래서) 모두에게 식사를 대접하기로 했다.
6 선생님은 모두가 성실히 공부하는 것을 보시고 (그래서) 우리에게 상을 주려 하신다.

Skill Up

1. 아래 문제 ❶과 같이 주어진 어구를 활용하여 문장을 완성하세요.

❶

- 努力打工赚钱，解决学费问题

› 她努力打工赚钱，从而解决了学费问题。

❷

- 积极参加活动，锻炼社交能力

›

❸

- 不断提出要求，改善学习环境

›

❹

- 不断坚持运动，改善身心健康

›

2. 아래의 문장을 읽고 문장이 올바르면 ✓, 틀리면 ✕를 표시하세요.

❶ 父亲看我们表现得很不错，打算于是给我们礼物。（　　　）

❷ 于是经理看员工工作得很努力，决定请大家吃饭。（　　　）

❸ 老师看大家学习得很认真，于是打算给我们奖励。（　　　）

Dialogue

회화의 한어병음과 한자를 정확하게 읽어 보세요.

A Zhōumò nǐ zěnme guò de?

B Wǒ xiān hé péngyou qù shāngdiàn mǎi yīfu, jiēzhe qù liàngēfáng chànggē, ránhòu hái qù fànguǎn chī jiǎozi le. Nǐ ne?

A Wèile liǎojiě Zhōngguó wénhuà, wǒ qù tīng le yì chǎng jīngjù.

B Jīngjù shì Zhōngguó jīngdiǎn wénhuà zhī yī, shì Zhōngguó dú yǒu de.

A Wǒ kàn de shì “Wǔ Sōng dǎ hǔ”, yǎnyuánmen bǎ gùshi jīngcǎi de chéngxiàn chūlái, ràng rén shēnlín qíjìng.

B “Wǔ Sōng dǎ hǔ” shì《Shuǐhǔ Zhuàn》lǐmiàn de gùshi, zhège gùshi zài Zhōngguó jīhū jiāyù hùxiǎo.

A Shàng ge yuè wǒ hái kàn le gēnjù “Wǔ Sōng dǎ hǔ” gǎibiān de diànyǐng.

B “Wǔ Sōng dǎ hǔ” bùjǐn yǒu diànyǐng bǎnběn, hái yǒu diànshìjù bǎnběn. Búguò wǒ gǎnjué dōu méiyǒu xiǎoshuō nàme hǎokàn.

Dialogue

05-05

A 周末你怎么过的？

B 我先和朋友去商店买衣服，接着去练歌房唱歌，然后还去饭馆吃饺子了。你呢？

A 为了了解中国文化，我去听了一场京剧。

B 京剧是中国经典文化之一，是中国独有的。

A 我看的是"武松打虎"，演员们把故事精彩地呈现出来，让人身临其境。

B "武松打虎"是《水浒传》里面的故事，这个故事在中国几乎家喻户晓。

A 上个月我还看了根据"武松打虎"改编的电影。

B "武松打虎"不仅有电影版本，还有电视剧版本。不过我感觉都没有小说那么好看。

A (너) 주말 어떻게 보냈어?

B 난 먼저 친구랑 상점에 가서 옷을 사고, 그 다음에 노래방에 가서 노래하고, 그리고 나서 또 식당에 가서 만두를 먹었지. 너는?

A 중국 문화를 이해하기 위해 나는 경극 한 편을 보러 갔어.

B 경극은 중국의 전형적인 문화 중 하나로, 중국 고유의 것이지.

A 내가 본 건 '무송타호(武松打虎)'야. 배우들이 이야기를 너무 멋지게 표현해서 마치 정말 그 자리에 있는 듯 생생했어.

B '무송타호'는《수호전(水浒传)》에 나오는 이야기인데, 이 이야기는 중국에선 거의 모든 사람들이 다 알고 있어.

A 지난달에는 '무송타호'를 각색한 영화도 봤어.

B '무송타호'는 영화도 있고, 드라마도 있어. 그런데 난 소설만큼 재미있지는 않은 것 같아.

Reading 중국의 옛 이야기를 중국어로 읽어 보세요!

Wǔ Sōng dǎ hǔ

Wǔ Sōng huí jiā de lù shang, jīngguò Jǐngyánggāng, zài Jǐngyánggāng kèzhàn hē le shíbā wǎn jiǔ, ránhòu wǎng shān shàng zǒuqù. Bùjiǔ, Wǔ Sōng kàndào yì kē shù shàng xiězhe: "Jǐngyánggāng lǎohǔ shāng rén." Wǔ Sōng juéde zhè shì kèzhàn wèile ràng lùrén zhù tā de diàn, ér xiě chūlái xiàrén de. Wǔ Sōng méiyǒu lǐ tā, jìxù wǎng qián zǒu. Wǔ Sōng yǒudiǎn kùn le, yúshì zhǎo le yí kuài dà shítou, tǎngxià xiūxi. Gāng yào shuìzháo, tūrán yì zhī dà lǎohǔ cháozhe Wǔ Sōng pū le guòlái. Yúshì, Wǔ Sōng xiān qídào hǔ bèi shàng, jǐn jiēzhe zuǒshǒu zhuāzhù hǔ tóu, ránhòu hěnhěn de dǎ le yí dùn, méi duō jiǔ jiù bǎ lǎohǔ gěi dǎsǐ le. Cóngcǐ Wǔ Sōng chéng le jiāyù hùxiǎo de dǎ hǔ yīngxióng.

무송이 호랑이를 때려잡다

무송이 집에 가는 길에 경양강(景阳冈)을 지났는데, 경양강 여인숙에서 술 열여덟 잔을 마신 후 산 위로 올라갔다. 얼마 후, 무송은 나무 한 그루에 "경양강(景阳冈)의 호랑이가 사람을 해친다."라고 쓰여 있는 것을 보았다. 무송은 여인숙에서 행인들을 자기네 가게에 묵게 만들기 위해 겁주려 쓴 것이라 생각했다. 무송은 아랑곳하지 않고 계속 앞으로 걸어갔다. 무송은 잠깐 졸음이 와서 큰 돌을 찾아 누워 쉬었다. 막 잠이 들려고 할 때, 갑자기 큰 호랑이 한 마리가 무송을 향해 달려들었다. 그러자 무송은 먼저 호랑이의 등에 올라타서는 곧이어 왼손으로 호랑이의 머리를 잡고 힘껏 (여러 차례) 때렸고, 얼마 안 있어 호랑이를 때려 죽였다. 그 후로 무송은 집집마다 모두가 다 아는 호랑이를 때려잡은 영웅이 되었다.

武松打虎

武松回家的路上 ，经过景阳冈，在景阳冈客栈喝了十八碗酒，然后往山上走去。不久，武松看到一棵树上写着：“景阳冈老虎伤人。”武松觉得这是客栈为了让路人住他的店，而写出来吓人的。武松没有理它，继续往前走。武松有点困了，于是找了一块大石头，躺下休息。刚要睡着，突然一只大老虎朝着武松扑了过来。于是，武松先骑到虎背上，紧接着左手抓住虎头，然后狠狠地打了一顿，没多久就把老虎给打死了。从此武松成了家喻户晓的打虎英雄。

Chapter 06

他不是大学生，而是研究生。

학습 내용

他不是大学生，而是研究生。

我宁可在家睡觉，也不想陪她逛街。

与其降低价格，不如提高质量。

他穿得这么正式，或者是老板，或者是经理。

他不是大学生，而是研究生。

1 他不是大学生，而是研究生。
Tā bú shì dàxuéshēng, érshì yánjiūshēng.

2 他不是服务员，而是售货员。
Tā bú shì fúwùyuán, érshì shòuhuòyuán.

3 这不是垃圾桶，而是加湿器。
Zhè bú shì lājītǒng, érshì jiāshīqì.

4 这次不是去旅行，而是去工作。
Zhè cì bú shì qù lǚxíng, érshì qù gōngzuò.

5 今天不是去运动，而是去演出。
Jīntiān bú shì qù yùndòng, érshì qù yǎnchū.

6 现在不是去开会，而是去约会。
Xiànzài bú shì qù kāihuì, érshì qù yuēhuì.

1 그는 대학생이 아니라 대학원생이다.
2 그는 종업원이 아니라 판매원이다.
3 이것은 쓰레기통이 아니라 가습기이다.
4 이번은 여행하러 가는 것이 아니라 일하러 간다.
5 오늘은 운동하러 가는 것이 아니라 공연하러 간다.
6 지금은 회의하러 가는 것이 아니라 데이트하러 간다.

Skill Up

1. 아래 문제 ❶과 같이 주어진 단어를 활용하여 문장을 완성하세요.

❶

- 这次，旅行，工作

› 这次不是去旅行，而是去工作。

❷

- 今天，运动，演出

›

❸

- 现在，开会，约会

›

❹

- 她，跑步，散步

›

2. 아래 문장의 빈칸을 채워 주어진 의미에 맞게 완성하세요.

❶ 他不是大学生，而是________________。

그는 대학생이 아니라 대학원생이다.

❷ 他不是服务员，而是________________。

그는 종업원이 아니라 판매원이다.

❸ 这不是________________，而是加湿器。

이것은 쓰레기통이 아니라 가습기이다.

我宁可在家睡觉，也不想陪她逛街。

1 我宁可在家睡觉，也不想陪她逛街。
Wǒ nìngkě zài jiā shuìjiào, yě bù xiǎng péi tā guàngjiē.

2 我宁可自己解决，也不想跟他道歉。
Wǒ nìngkě zìjǐ jiějué, yě bù xiǎng gēn tā dàoqiàn.

3 我宁可出去打工，也不想麻烦别人。
Wǒ nìngkě chūqù dǎgōng, yě bù xiǎng máfan biérén.

4 我宁可好几天不睡觉，也要把中文学好。
Wǒ nìngkě hǎo jǐ tiān bú shuìjiào, yě yào bǎ Zhōngwén xuéhǎo.

5 我宁可好几天不吃饭，也要把钢琴弹好。
Wǒ nìngkě hǎo jǐ tiān bù chī fàn, yě yào bǎ gāngqín tánhǎo.

6 我宁可一整年不休息，也要把生意做好。
Wǒ nìngkě yì zhěng nián bù xiūxi, yě yào bǎ shēngyi zuòhǎo.

1 나는 집에서 잠을 잘지언정 그녀와 함께 쇼핑하러 가고 싶지 않다.
2 나는 혼자 해결할지언정 그에게 사과하고 싶지 않다.
3 나는 나가서 아르바이트를 할지언정 다른 사람을 귀찮게 하고 싶지 않다.
4 나는 며칠째 잠을 안 자더라도 중국어를 잘 배우려고 한다.
5 나는 며칠째 밥을 안 먹더라도 피아노를 잘 치려고 한다.
6 나는 일 년 동안 안 쉬더라도 장사를 잘 하고자 한다.

Skill Up

1. 아래 문제 ❶과 같이 주어진 어구를 활용하여 문장을 완성하세요.

❶

- 好几天不睡觉，把中文学好

› 我宁可好几天不睡觉，也要把中文学好。

❷

- 好几天不吃饭，把钢琴弹好

›

❸

- 一整年不休息，把生意做好

›

❹

- 好几天不睡觉，把口语练好

›

2. 다음 문장에서 제시어가 들어갈 정확한 위치를 찾아보세요.

❶ 我 A 在家睡觉 B ，也不 C 想陪她 D 逛街。 (宁可)

❷ 我宁可 A 自己解决 B ， C 不想跟他道歉 D 。 (也)

❸ 我宁可 A 出去打工 B ，也不 C 麻烦别人 D 。 (想)

与其降低价格，不如提高质量。

1 与其降低价格，不如提高质量。
Yǔqí jiàngdī jiàgé, bùrú tígāo zhìliàng.

2 与其浪费时间，不如努力工作。
Yǔqí làngfèi shíjiān, bùrú nǔlì gōngzuò.

3 与其后悔过去，不如努力学习。
Yǔqí hòuhuǐ guòqù, bùrú nǔlì xuéxí.

4 与其相信别人，还不如相信自己。
Yǔqí xiāngxìn biérén, hái bùrú xiāngxìn zìjǐ.

5 与其羡慕别人，还不如做好自己。
Yǔqí xiànmù biérén, hái bùrú zuòhǎo zìjǐ.

6 与其担心未来，还不如做好现在。
Yǔqí dānxīn wèilái, hái bùrú zuòhǎo xiànzài.

1 가격을 낮추느니 차라리 품질을 높이는 것이 낫다.
2 시간을 낭비하느니 차라리 열심히 일을 하는 것이 낫다.
3 과거를 후회하느니 차라리 열심히 공부하는 것이 낫다.
4 다른 사람을 믿느니 차라리 자기 자신을 믿는 것이 낫다.
5 다른 사람을 부러워하느니 차라리 자신에게 최선을 다하는 것이 낫다.
6 미래를 걱정하느니 차라리 현재에 최선을 다하는 것이 낫다.

Skill Up

1. 아래 문제 ❶과 같이 주어진 단어를 활용하여 문장을 완성하세요.

❶ 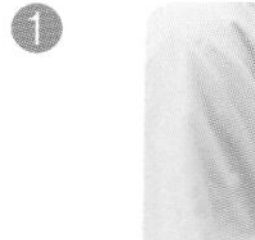 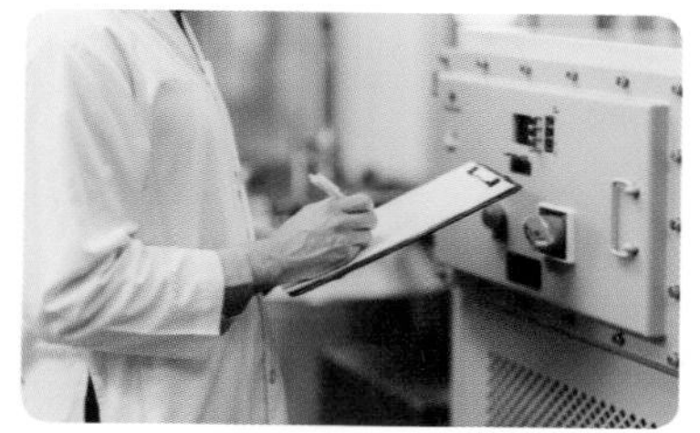

- 降低价格，提高质量

› 与其降低价格，不如提高质量。

❷ 

- 浪费时间，努力工作

›

❸ 

- 后悔过去，努力学习

›

❹

- 麻烦别人，自己解决

›

2. 아래 문장의 괄호를 채워 주어진 의미에 맞게 완성하세요.

❶ 与其＿＿＿＿＿＿＿＿，还不如相信自己。

다른 사람을 믿느니 차라리 자기 자신을 믿는 것이 낫다.

❷ 与其羡慕别人，还不如＿＿＿＿＿＿＿＿。

다른 사람을 부러워하느니 차라리 자신에게 최선을 다하는 것이 낫다.

❸ 与其＿＿＿＿＿＿＿＿，还不如做好现在。

미래를 걱정하느니 차라리 현재에 최선을 다하는 것이 낫다.

他穿得这么正式，或者是老板，或者是经理。

1 他穿得这么正式，或者是老板，或者是经理。
Tā chuān de zhème zhèngshì, huòzhě shì lǎobǎn, huòzhě shì jīnglǐ.

2 她穿得这么休闲，或者去约会，或者去旅行。
Tā chuān de zhème xiūxián, huòzhě qù yuēhuì, huòzhě qù lǚxíng.

3 他穿得这么整齐，或者去面试，或者去上班。
Tā chuān de zhème zhěngqí, huòzhě qù miànshì, huòzhě qù shàngbān.

4 这件事情，你来负责还是他来负责?
Zhè jiàn shìqing, nǐ lái fùzé háishi tā lái fùzé?

5 这个资料，你来翻译还是我来翻译?
Zhège zīliào, nǐ lái fānyì háishi wǒ lái fānyì?

6 这位律师，你去邀请还是我去邀请?
Zhè wèi lǜshī, nǐ qù yāoqǐng háishi wǒ qù yāoqǐng?

1 그가 (이렇게) 정식으로 차려입은 것을 보니 사장님이거나 (아니면) 매니저일 것이다.

2 그녀가 (이렇게) 캐주얼하게 입은 것을 보니 데이트 하러 가거나 (아니면) 여행하러 가는 것이다.

3 그가 (이렇게) 반듯이 차려입은 것을 보니 면접 보러 가거나 (아니면) 출근하러 가는 것이다.

4 이 일은 네가 책임지니 그렇지 않으면 그가 책임지니?

5 이 자료는 네가 번역하니 그렇지 않으면 내가 번역하니?

6 이 변호사는 네가 (가서) 초대하니 그렇지 않으면 내가 (가서) 초대하니?

Skill Up

1. 아래 문제 ❶과 같이 주어진 어구를 활용하여 문장을 완성하세요.

❶ 

- 正式，是老板，是经理

› 她穿得这么正式，或者是老板，或者是经理。

❷ 

- 休闲，去约会，去旅行

›

❸ 

- 整齐，去面试，去上班

›

❹ 

- 漂亮，去拍照，去看电影

›

2. 아래 괄호 안에 들어갈 알맞은 단어를 고르세요.

❶ 这件事情，你负责（　　）他负责？

A 还　　B 或者　　C 还是　　D 又是

❷ 这个资料，你（　　）翻译还是我（　　）翻译？

A 来　　B 走　　C 搬　　D 住

❸ 这位律师，你去（　　）还是我去（　　）？

A 羡慕　　B 旅行　　C 担心　　D 邀请

Dialogue

회화의 한어병음과 한자를 정확하게 읽어 보세요.

A Nǐmen yuánlái nàge fángzi yě méi zhù duō cháng shíjiān a. Zhè cì yòu bāndào nǎr le?

B Zhè cì bāndào Hǎidiàn qū le. Dì yī cì qù kàn fáng de shíhou, zhēn shì bù gǎn xiāngxìn zìjǐ de yǎnjing, tài jiù le.

A Xuéqū fáng dōu nàyàng, huòzhě fángzi xiǎo, huòzhě fángzi jiù. Zhù nàyàng de fángzi, shízài shì nánwei nǐmen le.

B Méi bànfǎ, wèile ràng háizi shàng nà suǒ hǎo xuéxiào, zhǐnéng wěiqu zìjǐ le.

A Nǐ hái zhēn shì xiànshí bǎn de "Mèngmǔ sān qiān", yàoshi wǒ dehuà, nìngkě zìjǐ huó de shūfu, yě bú yuànyì wěiqu zìjǐ.

B Děng nǐ yǒu le háizi jiù néng lǐjiě zuò fùmǔ de xīnqíng le.

A Zhè bú shì yǒu méiyǒu háizi de wèntí, érshì jiàoyù fāngshì de wèntí.

B Wǒ yě chéngrèn, zài háizi jiàoyù fāngmiàn gēn Mèngmǔ xiāngbǐ, shì yǒu guò zhī wú bù jí.

Dialogue

06-05

A 你们原来那个房子也没住多长时间啊。这次又搬到哪儿了？

B 这次搬到海淀区了。第一次去看房的时候，真是不敢相信自己的眼睛，太旧了。

A 学区房都那样，或者房子小，或者房子旧。住那样的房子，实在是难为你们了。

B 没办法，为了让孩子上那所好学校，只能委屈自己了。

A 你还真是现实版的“孟母三迁”，要是我的话，宁可自己活得舒服，也不愿意委屈自己。

B 等你有了孩子就能理解做父母的心情了。

A 这不是有没有孩子的问题，而是教育方式的问题。

B 我也承认，在孩子教育方面跟孟母相比，是有过之无不及。

A 너희 원래 그 집도 얼마 살지 않았잖아. 이번에는 또 어디로 이사 갔어?

B 이번에는 하이뎬(해전)구로 이사했어. 처음 집 보러 갔을 때 정말 내 눈을 의심하지 않을 수 없었어. (집이) 엄청 낡아서.

A 학군 좋은 곳의 집은 다 그래. 집이 작거나 아님 낡았거나. 그런 집에 살다니 정말 너희 고생이 많구나.

B 어쩔 수 없어. 아이를 (그) 좋은 학교에 보내기 위해서는 내가 견딜 수밖에 없어.

A 너는 정말 현실판 '맹모삼천'이네. 나라면 나 자신을 괴롭히기보다는 그냥 편안하게 살 텐데.

B (네가) 아이가 생기면 너도 부모의 마음을 이해할 수 있게 될 거야.

A 이것은 아이가 있고 없고의 문제가 아니라, 교육방식의 문제야.

B 나도 인정해. 아이 교육방면에서 맹모와 비교하면 나는 더하면 더했지 덜하지는 않아.

Reading

중국의 옛 이야기를 중국어로 읽어 보세요!

Mèngmǔ sān qiān

Mèngzǐ sān suì de shíhou fùqīn jiù qùshì le, suǒyǐ yóu Mèngmǔ yí ge rén bǎ tā fǔyǎng zhǎngdà. Xiǎo shíhou, Mèngzǐ tèbié ài wánr, mófǎng nénglì yě hěn qiáng. Tā jiā yuánlái zhùzài fénmù fùjìn, tā zài jiā huòzhě wánr jiàn fénmù de yóuxì, huòzhě wánr xué biérén yìbiān kū yìbiān jìbài de yóuxì. Mèngmǔ xiǎng: "yǔqí zhùzài zhèlǐ, bùrú bǎ jiā bāndào shìchǎng fùjìn." Bān jiā yǐhòu, Mèngzǐ yòu kāishǐ wánr mófǎng biérén zuò shēngyi de yóuxì. Mèngmǔ rènwéi zhè bú shì Mèngzǐ de wèntí, érshì huánjìng de wèntí. Yúshì, jiù bǎ jiā bāndào xuéxiào pángbiān. Bān jiā yǐhòu, Mèngzǐ jiù gēnzhe xuéshengmen xuéxí lǐjié hé zhīshi. Mèngmǔ rènwéi zhè cái shì Mèngzǐ yīnggāi xuéxí de, xīn li hěn gāoxìng, jiù bú zài bān jiā le. Hòulái, Mèngzǐ rènzhēn dúshū, zhōngyú chéngwéi tiānxià yǒumíng de dàrú.

맹자의 어머니가 집을 세 번 옮겨가다

맹자가 세 살 때 아버지가 돌아가셔서, 맹자 어머니 혼자서 맹자를 키웠다. 어렸을 때 맹자는 유달리 노는 것을 좋아했고 모방 능력도 매우 뛰어났다. 그의 집은 원래 무덤 근처에 살았는데, 그는 집에서 무덤 짓기 놀이를 하거나 다른 사람을 모방하여 울면서 제사 지내는 놀이를 하였다. 맹자의 어머니는 "여기서 사느니 시장 근처로 이사 하는 것이 낫겠다."라고 생각했다. 이사를 한 후, 맹자는 또 다시 다른 사람이 장사하는 것을 흉내 내어 놀기 시작했다. 맹자 어머니는 이것은 맹자의 문제가 아니라 환경의 문제라고 여겼다. 그래서 집을 학교 근처로 옮겼다. 이사한 후, 맹자는 학생들을 따라 예절과 지식을 공부했다. 맹자의 어머니는 이것이야 말로 맹자가 마땅히 배워야 할 것이라고 생각하고, 마음속으로 아주 기뻐하며, 다시는 이사하지 않게 되었다. 후에 맹자는 열심히 공부하여 마침내 천하의 유명한 대학자가 되었다.

孟母三迁

孟子三岁的时候父亲就去世了，所以由孟母一个人把他抚养长大。小时候，孟子特别爱玩儿，模仿能力也很强。他家原来住在坟墓附近，他在家或者玩儿建坟墓的游戏，或者玩儿学别人一边哭一边祭拜的游戏。孟母想："与其住在这里，不如把家搬到市场附近。"搬家以后，孟子又开始玩儿模仿别人做生意的游戏。孟母认为这不是孟子的问题，而是环境的问题。于是，就把家搬到学校旁边。搬家以后，孟子就跟着学生们学习礼节和知识。孟母认为这才是孟子应该学习的，心里很高兴，就不再搬家了。后来，孟子认真读书，终于成为天下有名的大儒。

Chapter 07

要是你没受伤，冠军就是你了。

학습 내용

要是你没受伤，冠军就是你了。

假如你明天有时间，就陪我去逛逛街。

没有老师的批评，就不能向前发展。

幸亏你提醒我，不然我就来不了了。

要是你没受伤，冠军就是你了。

1 要是你没受伤，冠军就是你了。
Yàoshi nǐ méi shòushāng, guànjūn jiù shì nǐ le.

2 要是稍微出错，事情就闹大了。
Yàoshi shāowēi chūcuò, shìqing jiù nàodà le.

3 要是你不允许，我们就不出去。
Yàoshi nǐ bù yǔnxǔ, wǒmen jiù bù chūqù.

4 要不是提前准备，我们就肯定赶不上了。
Yàobúshì tíqián zhǔnbèi, wǒmen jiù kěndìng gǎn bú shàng le.

5 要不是网络销售，生意就没有这么好了。
Yàobúshì wǎngluò xiāoshòu, shēngyi jiù méiyǒu zhème hǎo le.

6 要不是大家帮助，我们就不能持续下去。
Yàobúshì dàjiā bāngzhù, wǒmen jiù bù néng chíxù xiàqù.

1 만약 네가 다치지 않았다면 일등은 바로 너였을 거야.

2 만약 조금이라도 실수하면 일이 시끄럽게 될 거야.

3 만약 네가 허락하지 않으면 우리는 안 나갈 거야.

4 미리 준비하지 않았다면 우리는 틀림없이 놓쳤을 거야.

5 인터넷 판매가 아니었다면 사업이 이렇게 잘되지 않았을 거야.

6 여러분의 도움이 아니었다면 우리는 계속해 나가지 못했을 거예요.

Skill Up

1. 아래 문제 ❶과 같이 주어진 단어를 활용하여 문장을 완성하세요.

❶

- 你没受伤, 冠军, 是你了

› 要是你没受伤，冠军就是你了。

❷

- 稍微出错, 事情, 闹大了

›

❸

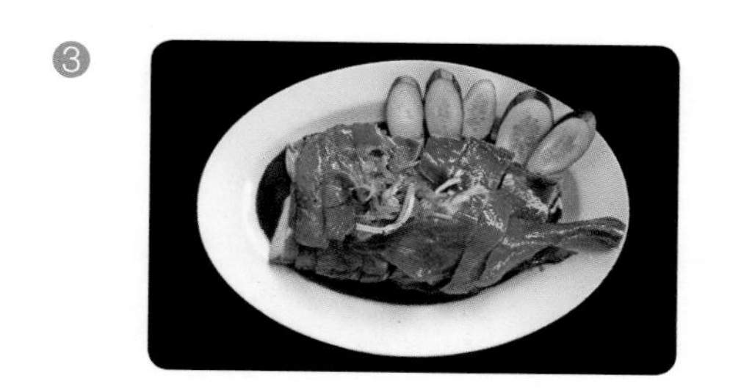

- 带着烤鸭回家, 家里人, 会很开心

›

❹

- 你不允许, 我, 不吸烟

›

2. 아래 문장의 빈칸을 채워 주어진 의미에 맞게 완성하세요.

❶ 미리 준비하지 않았다면 우리는 틀림없이 놓쳤을 거야.

______________，我们就肯定赶不上了。

❷ 인터넷 판매가 아니었다면 사업이 이렇게 잘 되지 않았을 거야.

______________，生意就没有这么好了。

❸ 여러분의 도움이 아니었다면 우리는 계속해 나가지 못했을 거예요.

______________，我们就不能持续下去。

假如你明天有时间，就陪我去逛逛街。

1 假如你明天有时间，就陪我去逛逛街。
Jiǎrú nǐ míngtiān yǒu shíjiān, jiù péi wǒ qù guàngguang jiē.

2 假如我能休息一年，就要游览全世界。
Jiǎrú wǒ néng xiūxi yì nián, jiù yào yóulǎn quán shìjiè.

3 假如你那天不能来，就早点打个电话。
Jiǎrú nǐ nàtiān bù néng lái, jiù zǎo diǎn dǎ ge diànhuà.

4 倘若这里的森林着火，地球生态就会受到严重影响。
Tǎngruò zhèlǐ de sēnlín zháohuǒ, dìqiú shēngtài jiù huì shòudào yánzhòng yǐngxiǎng.

5 倘若没有政府的支持，这个项目就不会顺利地结束。
Tǎngruò méiyǒu zhèngfǔ de zhīchí, zhège xiàngmù jiù bú huì shùnlì de jiéshù.

6 倘若今天没有下大雨，我们学校就会举行一场球赛。
Tǎngruò jīntiān méiyǒu xià dà yǔ, wǒmen xuéxiào jiù huì jǔxíng yì chǎng qiúsài.

1 만약 네가 내일 시간이 있다면 나 데리고 거리 구경 좀 가 줘.
2 만약 내가 일년 동안 쉴 수 있다면 전 세계를 여행할 거야.
3 만약 네가 그날 못 오면 미리 전화 좀 줘.
4 만약 여기 숲에 불이 나면 지구 생태계에 심각한 영향을 미치게 될 것이다.
5 만약 정부의 지지가 없다면 이 프로젝트는 순조롭게 끝나지 못할 것이다.
6 만약 오늘 비가 많이 내리지 않았다면 우리 학교는 축구시합을 했을 거야.

Skill Up

1. 아래 문제 ①과 같이 주어진 단어를 활용하여 문장을 완성하세요.

①

– 你明天有时间，陪我去逛逛街

› 假如你明天有时间，就陪我去逛逛街。

②

– 你那天不能来，早点打个电话

›

③

– 家里没有电视，会读更多的书

›

④

– 我能休息一年，要游览全世界

›

2. 아래 괄호 안에 들어갈 알맞은 단어를 고르세요.

① 倘若这里的森林着火，地球生态就会（　　　）严重影响。

A 收到　　B 受到　　C 提到　　D 做到

② 倘若没有政府的支持，这个项目就不会（　　　）地结束。

A 顺利　　B 流利　　C 严重　　D 丰富

③ 倘若今天没有下大雨，我们学校就会举行（　　　）球赛。

A 一件　　B 一趟　　C 一点　　D 一场

没有老师的批评，就不能向前发展。

1 没有老师的批评，就不能向前发展。
Méiyǒu lǎoshī de pīpíng, jiù bù néng xiàng qián fāzhǎn.

2 没有大家的同意，就不能进行下去。
Méiyǒu dàjiā de tóngyì, jiù bù néng jìnxíng xiàqù.

3 没有大家的努力，就没有今天的成绩。
Méiyǒu dàjiā de nǔlì, jiù méiyǒu jīntiān de chéngjì.

4 没有你们的鼓励，就没有今天的我们。
Méiyǒu nǐmen de gǔlì, jiù méiyǒu jīntiān de wǒmen.

5 小孩子不应该偏食，否则就可能营养不良。
Xiǎo háizi bù yīnggāi piānshí, fǒuzé jiù kěnéng yíngyǎng bùliáng.

6 别给自己太多压力，否则健康会出现问题。
Bié gěi zìjǐ tài duō yālì, fǒuzé jiànkāng huì chūxiàn wèntí.

1 선생님의 질책이 없으면 앞으로 발전하지 못한다.
2 모두의 동의가 없다면 계속 진행하지 못한다.
3 모두의 노력이 없었다면 오늘의 성적도 없어요.
4 당신들의 격려가 없었다면 오늘의 우리는 없어요.
5 아이는 편식하면 안 된다. 그렇지 않으면 영양이 결핍될 수 있다.
6 자신에게 지나치게 스트레스를 주지 마라. 그렇지 않으면 건강에 문제가 생긴다.

Skill Up

1. 아래 문제 ❶과 같이 주어진 단어를 활용하여 문장을 완성하세요.

- 老师的批评，向前发展

› 没有老师的批评，就不能向前发展。

②

- 大家的同意，进行下去

›

③

- 你的帮助，完成作业

›

④

- 你们的鼓励，获得冠军

›

2. 다음 문장에서 제시어가 들어갈 정확한 위치를 찾아보세요

❶ 没有大家的 A 努力， B 就 C 今天的成绩 D 。 (没有)

❷ 小孩子 A 不应该偏食， B 就 C 可能 D 营养不良。 (否则)

❸ 你 A 去 B 找他 C 解释清楚，否则他不会 D 原谅你。 (应该)

幸亏你提醒我，不然我就来不了了。

1 幸亏你提醒我，不然我就来不了了。
Xìngkuī nǐ tíxǐng wǒ, bùrán wǒ jiù lái bu liǎo le.

2 幸亏发现及时，不然就发生火灾了。
Xìngkuī fāxiàn jíshí, bùrán jiù fāshēng huǒzāi le.

3 幸亏你也来了，不然就我一个人了。
Xìngkuī nǐ yě lái le, bùrán jiù wǒ yí ge rén le.

4 做事不能粗心，万一出了事，就会让你后悔莫及。
Zuò shì bù néng cūxīn, wànyī chū le shì, jiù huì ràng nǐ hòuhuǐ mò jí.

5 你要节约用钱，万一生了病，就会很难维持生活。
Nǐ yào jiéyuē yòng qián, wànyī shēng le bìng, jiù huì hěn nán wéichí shēnghuó.

6 你得向他道歉，万一见了面，就不好意思说话了。
Nǐ děi xiàng tā dàoqiàn, wànyī jiàn le miàn, jiù bù hǎoyìsi shuōhuà le.

1 네가 알려줘서 다행이지 안 그랬으면 나는 못 왔어.

2 제때 발견해서 다행이지 안 그랬으면 화재가 발생했을 거야.

3 네가 와서 다행이지 안 그랬으면 나 혼자였을 거야.

4 일을 대충 하면 안 돼. 만일 사고가 나게 되면 후회막급일 거야.

5 용돈을 아껴 써야지. 만일 병이 나게 되면 생활을 유지하기 힘들어져.

6 당신은 그에게 사과해야 해. 만일 만나게 되면 말하기 난처할 거야.

Skill Up

1. 아래 문제 ❶과 같이 주어진 어구를 활용하여 문장을 완성하세요.

❶ 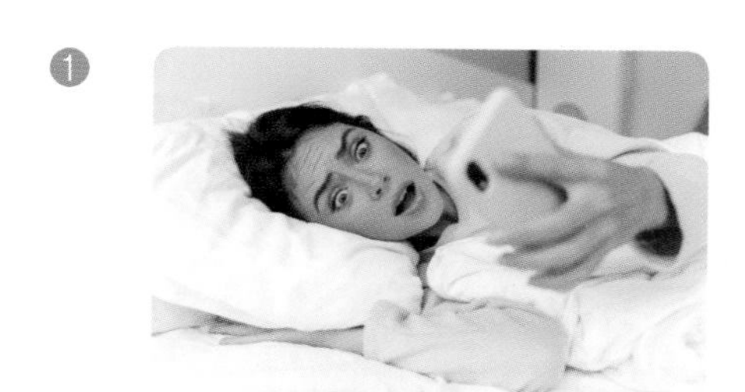

- 你提醒我，就来不了了

› 幸亏你提醒我，不然就来不了了。

❷ 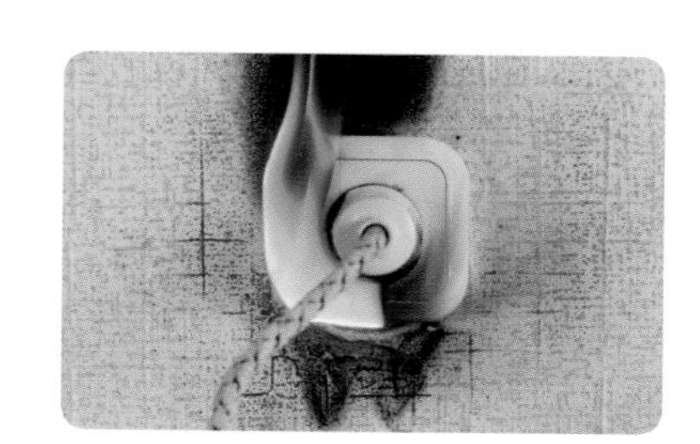

- 发现及时，就发生火灾了

›

❸ 

- 你也来了，就我一个人了

›

❹ 

- 还能买春运火车票，就不能回家乡了

›

2. 아래 문장의 빈칸을 채워 주어진 의미에 맞게 완성하세요.

❶ 做事不能粗心，＿＿＿＿＿＿＿＿，就会让你后悔莫及。

일을 대충 하면 안 돼. 만일 사고가 나게 되면 후회막급일 거야.

❷ 你要节约用钱，＿＿＿＿＿＿＿＿，就会很难维持生活。

용돈을 아껴 써야지. 만일 병이 나게 되면 생활을 유지하기 힘들어져.

❸ 你得向他道歉，＿＿＿＿＿＿＿＿，就不好意思说话了。

당신은 그에게 사과해야 해. 만일 만나게 되면 말하기 난처할 거야.

Dialogue

회화의 한어병음과 한자를 정확하게 읽어 보세요.

A Jīnnián Duānwǔ Jié de lóngzhōu bǐsài wǒmen duì ná le guànjūn.

B Nǐ shì duìzhǎng ba? Búcuò ma. Zhè cì bǐsài zhènghǎo zhèngmíng le nǐ de dàiduì nénglì!

A Náxià bǐsài duōkuī le duìyuánmen de pèihé, méiyǒu dàjiā de nǔlì, jiù méiyǒu jīntiān de shènglì.

B Tīngshuō zhè cì sài lóngzhōu rénshān rénhǎi, chǎngmiàn jīngxīn dòngpò.

A Shì a. Yàoshi nǐmen yě néng cānjiā, huì ràng bǐsài biàn de gèng jīngcǎi.

B Xìngkuī wǒmen méi cānjiā, bùrán nǐmen jiù yíng bu liǎo le.

A Nǐ zhēn huì kāi wánxiào. Míngnián lái tiǎozhàn wǒmen ba.

B Hǎo a. Nà wǒmen hǎohǎo qìngzhù yíxià, jīnwǎn wǒ gěi nǐ ge qǐngkè de jīhuì.

07-05

A 今年端午节的龙舟比赛我们队拿了冠军。

B 你是队长吧？不错嘛。这次比赛正好证明了你的带队能力！

A 拿下比赛多亏了队员们的配合，没有大家的努力，就没有今天的胜利。

B 听说这次赛龙舟人山人海，场面惊心动魄。

A 是啊。要是你们也能参加，会让比赛变得更精彩。

B 幸亏我们没参加，不然你们就赢不了了。

A 你真会开玩笑。明年来挑战我们吧。

B 好啊。那我们好好庆祝一下，今晚我给你个请客的机会。

A 올해 단오절 용선 경기에서 우리 팀이 우승했어.

B 네가 조장이지? 대단하네. 이번 경기에서 너의 리더십을 증명했구나!

A 시합 우승은 대원들이 협력해 준 덕이지. 모두의 노력이 없었다면 오늘의 승리도 없어.

B 이번 용선 경기는 인산인해에 손에 땀을 쥐게 했다고 하던데.

A 맞아. 너희들도 참가했다면 시합이 더 흥미진진했을 거야.

B 우리가 참가 안 했으니 망정이지, 그렇지 않으면 너희들 못 이겼어.

A 농담도 잘하네. 내년에 우리한테 도전해 봐.

B 좋아. 그럼 우리 제대로 축하 좀 하자. 오늘 저녁 너에게 한턱 낼 기회를 줄게.

Reading 중국의 옛 이야기를 중국어로 읽어 보세요!

Qū Yuán yǔ Duānwǔ Jié

Qū Yuán shì yí wèi wěidà de zhèngzhìjiā hé àiguó shīrén. Dàn Chǔ wáng bù xiāngxìn tā, bǎ tā pàidào hěn yuǎn de dìfang. Qū Yuán dānxīn wànyī Qínguó gōngdǎ Chǔguó, hòuguǒ huì hěn yánzhòng. Hòulái Qínguó háishi dǎbài le Chǔguó. Qū Yuán shífēn juéwàng, yúshì nónglì wǔ yuè chūwǔ tiào jiāng zìshā le. Chǔguó de bǎixìng fēicháng shāngxīn, dàjiā dōu yòng bùtóng de fāngshì lái jìbài Qū Yuán. Yǒude rén huázhe lóngzhōu gǎn wǎng Qū Yuán tiào jiāng de dìfang, yǒude rén bǎ zòngzi rēng jìn jiāng li, dàjiā dōu xīwàng yòng zhè zhǒng fāngshì gǎnzǒu yú xiā, bú ràng yú xiā yǎohuài Qū Yuán de shēntǐ. Cóngcǐ, měi nián Duānwǔ Jié jiù yǒu le sài lóngzhōu、chī zòngzi de fēngsú, lái jìniàn àiguó shīrén Qū Yuán.

굴원과 단오절

굴원은 위대한 정치가이자 애국 시인이다. 그러나 초왕은 그를 불신하여 매우 먼 곳으로 유배 보냈다. 굴원은 만일 진나라가 초나라를 공격하면 그 결과는 매우 심각할 것이라 걱정했다. 후에 진나라는 역시 초나라를 공격해 이겼다. 굴원은 매우 절망했고, 이에 음력 5월 5일 강에 투신하여 자살했다. 초나라 백성들은 매우 상심하여, 모두가 다른 방식으로 굴원을 제사지냈다. 어떤 이는 용선을 저어 굴원이 투신한 강으로 쫓아갔고, 어떤 이는 '쫑즈(연잎찰밥)'를 강에 던졌는데, 모두들 이런 방식으로 물고기와 새우를 쫓아, 물고기와 새우가 굴원의 시신을 해치지 않기를 바랐다. 이때부터 매년 단오절에는 용선 경주와 쫑즈 먹기 풍습이 있게 되었고, 이로써 애국 시인 굴원을 기념한다.

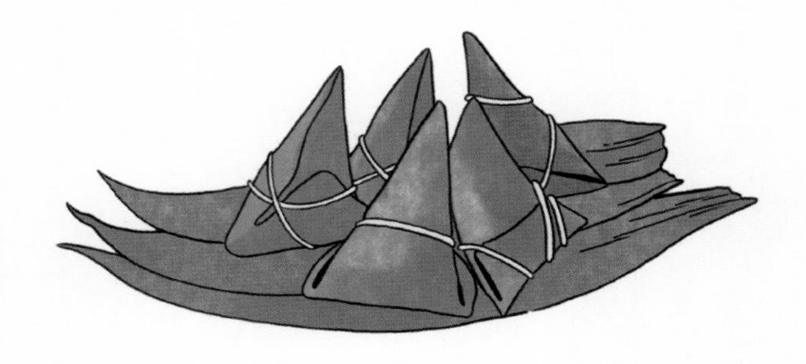

屈原与端午节

屈原是一位伟大的政治家和爱国诗人。但楚王不相信他，把他派到很远的地方。屈原担心万一秦国攻打楚国，后果会很严重。后来秦国还是打败了楚国。屈原十分绝望，于是农历五月初五跳江自杀了。楚国的百姓非常伤心，大家都用不同的方式来祭拜屈原。有的人划着龙舟赶往屈原跳江的地方，有的人把粽子扔进江里，大家都希望用这种方式赶走鱼虾，不让鱼虾咬坏屈原的身体。从此，每年端午节就有了赛龙舟、吃粽子的风俗，来纪念爱国诗人屈原。

Chapter 08

这条街连一个人影也没有。

학습 내용

这条街连一个人影也没有。

你们都没有办法，我们就更不用说了。

这条裤子可以穿两次，三次，甚至好几次。

臭豆腐不但不臭，反而越吃越香。

这条街连一个人影也没有。

1 这条街连一个人影也没有。
Zhè tiáo jiē lián yí ge rényǐng yě méiyǒu.

2 这个小区连便利店也没有。
Zhège xiǎoqū lián biànlìdiàn yě méiyǒu.

3 这家店连服务员都是中国人。
Zhè jiā diàn lián fúwùyuán dōu shì Zhōngguórén.

4 他们家连卫生纸都是进口的。
Tāmen jiā lián wèishēngzhǐ dōu shì jìnkǒu de.

5 你怎么连一个电话也不打?
Nǐ zěnme lián yí ge diànhuà yě bù dǎ?

6 他怎么连一声谢谢都不说?
Tā zěnme lián yì shēng xièxie dōu bù shuō?

1 이 거리에는 사람 그림자조차 없어요.

2 이 동네에는 편의점도 없어요.

3 이 가게는 종업원까지 다 중국인이다.

4 그(들) 집은 휴지까지도 다 수입한 것이다.

5 너는 어떻게 전화 한 통도 안 하니?

6 그는 어떻게 고맙다는 말 한 마디도 안 하니?

Skill Up

1. 아래 문제 ❶과 같이 주어진 단어를 활용하여 문장을 완성하세요.

❶

- 这条街，一个人影

› 这条街连一个人影也没有。

❷

- 这个小区，便利店

›

❸

- 这家酒店，WiFi

›

❹

- 我身上，十块钱

›

2. 다음 문장에서 제시어가 들어갈 정확한 위치를 찾아보세요.

❶ 这家店 A 连 B 服务员 C 是 D 中国人。 (都)

❷ 他们 A 家 B 卫生纸 C 都 D 是进口的。 (连)

❸ 你 A 连 B 一个电话 C 也 D 不打? (怎么)

你们都没有办法，我们就更不用说了。

1 你们都没有办法，我们就更不用说了。
Nǐmen dōu méiyǒu bànfǎ, wǒmen jiù gèng búyòng shuō le.

2 轻的都不能搬走，重的就更不用说了。
Qīng de dōu bù néng bānzǒu, zhòng de jiù gèng búyòng shuō le.

3 她会德语和法语，英语就更不用说了。
Tā huì Déyǔ hé Fǎyǔ, Yīngyǔ jiù gèng búyòng shuō le.

4 她连车都买不起，就更别提买房了。
Tā lián chē dōu mǎi bu qǐ, jiù gèng bié tí mǎi fáng le.

5 他连字都写不好，就更别提写信了。
Tā lián zì dōu xiě bu hǎo, jiù gèng bié tí xiě xìn le.

6 连国语都说不好，就更别提外语了。
Lián guóyǔ dōu shuō bu hǎo, jiù gèng bié tí wàiyǔ le.

1 당신들도 방법이 없는데 우리는 더 말할 것도 없다.

2 가벼운 것도 못 옮기는데 무거운 것은 더 말할 것도 없다.

3 그녀는 독일어와 프랑스어도 하는데 영어는 더 말할 것도 없다.

4 그녀는 자동차도 살 수 없는데 집을 사는 건 더 말할 것도 없다.

5 그는 글자도 제대로 못쓰는데 편지를 쓰는 건 더 말할 것도 없다.

6 국어도 잘못하는데 외국어는 더 말할 것도 없다.

Skill Up

1. 아래 문제 ❶과 같이 주어진 단어를 활용하여 문장을 완성하세요.

❶ 

– 你们没有办法，我们

› 你们都没有办法，我们就更不用说了。

❷ 

– 轻的不能搬走，重的

›

❸ 

– 我没钱坐公交车，回家过年

›

❹

– 平时上班起不来，周末休息

›

2. 아래 괄호 안에 들어갈 알맞은 단어를 고르세요.

❶ 她连车都买不（　　　），就更别提买房了。

A 起　　B 好　　C 完　　D 走

❷ 他连字都写不（　　　），就更别提写信了。

A 起　　B 走　　C 好　　D 开

❸（　　　）国语都说不好，就更别提外语了。

A 还　　B 连　　C 也　　D 才

这条裤子可以穿两次，三次，甚至好几次。

1 这条裤子可以穿两次，三次，甚至好几次。
Zhè tiáo kùzi kěyǐ chuān liǎng cì, sān cì, shènzhì hǎo jǐ cì.

2 你可以在酒店住一天，两天，甚至一个月。
Nǐ kěyǐ zài jiǔdiàn zhù yì tiān, liǎng tiān, shènzhì yí ge yuè.

3 我可能需要花十块，二十块，甚至一百块。
Wǒ kěnéng xūyào huā shí kuài, èrshí kuài, shènzhì yìbǎi kuài.

4 他们实际上还并不熟悉，甚至连一句话也没有说过。
Tāmen shíjì shàng hái bìng bù shúxi, shènzhì lián yí jù huà yě méiyǒu shuōguo.

5 他们实际上就是好朋友，甚至连习惯和口味都一样。
Tāmen shíjì shàng jiù shì hǎo péngyou, shènzhì lián xíguàn hé kǒuwèi dōu yíyàng.

6 我们实际上才认识不久，甚至连对方的微信都没有。
Wǒmen shíjì shàng cái rènshi bù jiǔ, shènzhì lián duìfāng de Wēixìn dōu méiyǒu.

1 이 바지는 두 번, 세 번 심지어 아주 여러 번 입을 수 있다.
2 당신은 호텔에서 하루, 이틀 심지어 한 달 동안 묵을 수 있어요.
3 나는 아마도 10위안, 20위안 심지어 백 위안을 써야 할 수도 있다.
4 그들은 사실 아직 잘 모른다. 심지어 말 한마디도 한 적이 없다.
5 그들은 사실 절친한 사이이다. 심지어 습관과 입맛조차 모두 같다.
6 우리는 사실 안 지 오래되지 않았다. 심지어 상대방의 위챗도 없다.

Skill Up

1. 아래 문제 ❶과 같이 주어진 단어를 활용하여 문장을 완성하세요.

❶

- 花, 十块, 二十块, 一百块

› 你可以花十块，二十块，甚至一百块。

❷

- 穿, 两次, 三次, 好几次

›

❸

- 住, 一天, 两天, 一个月

›

❹

- 吃, 一碗, 两碗, 十碗

›

2. '甚至连…也/都'를 사용하여 주어진 의미에 맞게 완성하세요.

❶ 他们实际上还并不熟悉，__________________。

그들은 사실 아직 잘 모른다. 심지어 말 한마디도 한 적이 없다.

❷ 他们实际上就是好朋友，__________________。

그들은 사실 절친한 사이이다. 심지어 습관과 입맛조차 모두 같다.

❸ 我们实际上才认识不久，__________________。

우리는 사실 안 지 오래되지 않았다. 심지어 상대방의 위챗도 없다.

臭豆腐不但不臭，反而越吃越香。

1 臭豆腐不但不臭，反而越吃越香。
Chòudòufu búdàn bú chòu, fǎn'ér yuè chī yuè xiāng.

2 感冒不但不减轻，反而越来越重。
Gǎnmào búdàn bù jiǎnqīng, fǎn'ér yuèláiyuè zhòng.

3 这里不但不便宜，反而比商场贵。
Zhèlǐ búdàn bù piányi, fǎn'ér bǐ shāngchǎng guì.

4 体重不但没有减少，反而增加了。
Tǐzhòng búdàn méiyǒu jiǎnshǎo, fǎn'ér zēngjiā le.

5 奖金不但没有增加，反而减少了。
Jiǎngjīn búdàn méiyǒu zēngjiā, fǎn'ér jiǎnshǎo le.

6 账户里不但没有钱，反而还欠着。
Zhànghù li búdàn méiyǒu qián, fǎn'ér hái qiànzhe.

1 취두부는 냄새가 고약하지 않을뿐더러 오히려 먹을수록 고소하다.
2 감기가 낫지 않을뿐더러 오히려 점점 심해진다.
3 여기는 저렴하지 않을뿐더러 오히려 백화점보다 비싸다.
4 체중이 줄기는커녕 오히려 늘었다.
5 보너스가 늘기는커녕 오히려 줄었다.
6 계좌에 돈이 있기는커녕 오히려 빚을 지고 있다.

Skill Up

1. 아래 문제 ❶과 같이 주어진 어구를 활용하여 문장을 완성하세요.

❶

– 臭豆腐, 臭, 越吃越香

> 臭豆腐不但不臭，反而越吃越香。

❷

– 这里, 便宜, 比商场贵

>

❸

– 感冒, 减轻, 越来越重

>

❹

– 他, 道歉, 跟我生气

>

2. 아래 문장의 빈칸을 채워 주어진 의미에 맞게 완성하세요.

❶ 体重不但没有减少，________________。

체중이 줄기는커녕 오히려 늘었다.

❷ 奖金不但没有增加，________________。

보너스가 늘기는커녕 오히려 줄었다.

❸ 账户里不但没有钱，________________。

계좌에 돈이 있기는커녕 오히려 빚을 지고 있다.

Dialogue

회화의 한어병음과 한자를 정확하게 읽어 보세요.

A Zhōumò nǐ chú le shuìjiào, zhěngtiān jiù zhīdào wán shǒujī, lián mén dōu méi chūguo. Nǐ dōu gàn shénme ne?

B Wǒ yě méi gàn shénme, zhǐshì shuāshua Péngyouquān, guàngguang Táobǎo wǎngdiàn shénme de.

A Nǐ zhèyàng cháng shíjiān kàn shǒujī, búdàn huì tóuténg、yǎnjing píláo, shènzhì huì dé jǐngzhuībìng de.

B Wǒ yě xiǎng kòngzhì zìjǐ bù wán shǒujī, kě zǒngshì kòngzhì bú zhù a.

A Nǐ zhè búdàn méi kòngzhìzhù, fǎn'ér gèng yánzhòng le ba?

B Tōngguò Péngyouquān néng kàndào péngyoumen de duōcǎi shēnghuó hé zuìxīn liúxíng dòngxiàng. Kàn de wǒ dōu yǎnhuā liáoluàn le.

A Wǒ kàn nǐ xiàng yì zhī bèi Péngyouquān kùnzhù de jǐngdǐzhīwā. Quàn nǐ gǎnkuài xǐngxing ba. Chūqù kànkan wàimiàn de shìjiè.

B Wǒ kě bú yào zuò shénme jǐngdǐzhīwā, yě bú yào zuò bèi Péngyouquān kùnzhù de rén.

A Nà nǐ kě yào shuōdào zuòdào a!

Dialogue

08-05

A 周末你除了睡觉，整天就知道玩手机，连门都没出过。你都干什么呢?

B 我也没干什么，只是刷刷朋友圈，逛逛淘宝网店什么的。

A 你这样长时间看手机，不但会头疼、眼睛疲劳，甚至会得颈椎病的。

B 我也想控制自己不玩手机，可总是控制不住啊。

A 你这不但没控制住，反而更严重了吧?

B 通过朋友圈能看到朋友们的多彩生活和最新流行动向。看得我都眼花缭乱了。

A 我看你像一只被朋友圈困住的井底之蛙。劝你赶快醒醒吧。出去看看外面的世界。

B 我可不要做什么井底之蛙，也不要做被朋友圈困住的人。

A 那你可要说到做到啊!

A 주말에 너는 잠자는 것 말고는 온종일 핸드폰 하는 것밖에 모르고, 문밖에는 나가지도 않네. 너는 대체 뭐하는 거니?
B 뭐 별로 하는 것 없어. 그냥 SNS를 훑어보거나, 타오바오 인터넷쇼핑몰 같은 것을 둘러보고 있지.
A 너 이렇게 오랫동안 핸드폰 보면, 머리가 아플 뿐만 아니라 눈도 피곤하고, 심지어 목 디스크까지 올 수 있어.
B 나도 스스로 핸드폰 하는 것을 자제하고 싶은데, 도무지 컨트롤이 잘 안 돼.
A (너는) 컨트롤하기는커녕 오히려 더 심해진 것 같은데?
B SNS를 통해 친구들의 다채로운 생활과 최신 트렌드를 볼 수 있어. (내가) 아주 눈이 휘둥그레지도록 봤거든.
A 내가 보기에 너는 그저 SNS에 갇힌 우물 안 개구리 같아. 어서 정신 좀 차려. 나가서 바깥세상을 좀 봐봐.
B 나는 절대로 우물 안 개구리 같은 것도 안 될 거고, SNS에 갇힌 사람도 되지 않을 거야.
A 그럼 너 꼭 그렇게 하는 거다!

Reading

중국의 옛 이야기를 중국어로 읽어 보세요!

Jǐngdǐzhīwā

Yì kǒu jǐng li zhùzhe yì zhī qīngwā. Tā yìzhí zhùzài jǐng li, cónglái méi chūguo jǐng, gèng búyòng shuō zhīdào wàimiàn de shìjiè le. Yǒu yì tiān, yì zhī cóng dàhǎi lái de wūguī lùguò jǐng biān, kànjiàn jǐng dǐ de qīngwā, jiù wèn: "Nǐ zhěng tiān zài zhème xiǎo de dìfang dāizhe, bú mèn ma?" Qīngwā huídá shuō: "Bú huì. Wǒ shì zhè kǒu jǐng de zhǔrén, zhè shì yí jiàn duōme xìngfú de shì a!" Wūguī shēncháng le bózi, kàn le kàn jǐng li dàodǐ yǒu duō dà, gǎntàn dào: "Tiān a! Nǐ zhèlǐ tài xiǎo le, gēnběn bù néng hé dàhǎi xiāngbǐ." Qīngwā juēzhe zuǐ shuō: "Dàhǎi yǒu shénme liǎobuqǐ de?" Wūguī nàixīn de gēn qīngwā jiěshì: "Dàhǎi bǐ yì qiān lǐ gèng cháng, bǐ yì qiān chǐ hái shēn. Fā hóngshuǐ de shíhou, kàn bu dào hǎishuǐ zài zhǎnggāo; gānhàn bú xià yǔ de shíhou, hǎishuǐ yě bú huì biàn shǎo. Zhùzài dàhǎi li cái jiào zhēnzhèng de xìngfú." Qīngwā tīng le wūguī de huà, chījīng de dāizài nàlǐ, zài méiyǒu huà kě shuō le.

우물 안 개구리

우물 안에 개구리 한 마리가 살고 있었다. 이 개구리는 줄곧 우물 안에서만 살았고, 여태껏 우물 밖을 나온 적이 없었기에, 바깥세상(을 아는 지)에 대해서는 더 말할 것도 없었다. 어느 날, 바다에서 온 거북이 한 마리가 우물가를 지나가면서 우물 안의 개구리를 보고 묻기를 "너는 온종일 이렇게 작은 곳에 있는데 답답하지 않니?"라고 하였다. 그러자 개구리는 "그럴 리가 있니. 내가 이 우물의 주인인데. 이게 얼마나 행복한 일인데!"라고 답했다. 거북이는 목을 길게 뻗어 우물 안 크기가 대체 얼마나 되는지 보더니, 탄식하며 말하기를 "맙소사! (너의) 이곳은 너무 작아서 바다와는 아예 비교가 안 돼."라고 하였다. 개구리가 입을 삐죽 내밀며 말하기를 "바다가 뭐 그리 대단한 건데?"라고 하였다. (그러자) 거북이는 차근차근 개구리에게 설명해 주었다. "바다는 천 리보다 더 길고, 천 척보다 더 깊어. 홍수가 날 때도 바닷물이 늘어나는 것을 볼 수 없고, 가뭄이 들어 비가 오지 않을 때도 바닷물은 줄어들지 않아. 바다에서 사는 것이야말로 진정한 행복이라고 할 수 있지." 개구리는 거북이의 말을 듣고, 놀라 멍하니 그곳에 서서 더 이상 아무 말도 하지 못했다.

井底之蛙

一口井里住着一只青蛙。它一直住在井里，从来没出过井，更不用说知道外面的世界了。有一天，一只从大海来的乌龟路过井边，看见井底的青蛙，就问："你整天在这么小的地方呆着，不闷吗？"青蛙回答说："不会。我是这口井的主人，这是一件多么幸福的事啊！"乌龟伸长了脖子，看了看井里到底有多大，感叹道："天啊！你这里太小了，根本不能和大海相比。"青蛙噘着嘴说，"大海有什么了不起的？"乌龟耐心地跟青蛙解释："大海比一千里更长，比一千尺还深。发洪水的时候，看不到海水在涨高；干旱不下雨的时候，海水也不会变少。住在大海里才叫真正的幸福。"青蛙听了乌龟的话，吃惊地呆在那里，再没有话可说了。

Chapter 09

不管过程多么辛苦，我都要坚持下去。

학습 내용

不管过程多么辛苦，我都要坚持下去。

除非你能够说服老板，不然他是不会同意的。

只要空气好，我们就开窗换换气。

除了家人以外，也就只有你了。

不管过程多么辛苦，我都要坚持下去。

1 不管过程多么辛苦，我都要坚持下去。
Bùguǎn guòchéng duōme xīnkǔ, wǒ dōu yào jiānchí xiàqù.

2 不管感冒多么厉害，我都要参加活动。
Bùguǎn gǎnmào duōme lìhai, wǒ dōu yào cānjiā huódòng.

3 无论他怎么解释，也得不到大家的原谅。
Wúlùn tā zěnme jiěshì, yě dé bu dào dàjiā de yuánliàng.

4 无论他怎么说明，也得不到大家的赞同。
Wúlùn tā zěnme shuōmíng, yě dé bu dào dàjiā de zàntóng.

5 无论我同意不同意，他都会这样做。
Wúlùn wǒ tóngyì bù tóngyì, tā dōu huì zhèyàng zuò.

6 无论你支持不支持，我都要这样做。
Wúlùn nǐ zhīchí bù zhīchí, wǒ dōu yào zhèyàng zuò.

1 과정이 아무리 힘들어도 나는 견뎌 나갈 것이다.

2 감기가 아무리 지독해도 나는 활동에 참가할 것이다.

3 그가 어떻게 변명하더라도 모두의 용서를 받을 수 없다.

4 그가 어떻게 설명하더라도 모두의 동의를 받을 수 없다.

5 내가 동의하든 안 하든 그는 이렇게 할 것이다.

6 네가 지지하든 안 하든 나는 이렇게 해야 한다.

Skill Up

1. 아래 문제 ❶과 같이 주어진 단어를 활용하여 문장을 완성하세요.

❶ 

- 感冒, 厉害, 参加活动

› 不管感冒多么厉害，我都要参加活动。

❷ 

- 过程, 辛苦, 坚持下去

›

❸ 

- 汉语, 难, 学习下去

›

❹ 

- 工作, 累, 按时完成

›

2. 다음 문장에서 제시어가 들어갈 정확한 위치를 찾아보세요.

❶ 无论他怎么 A 解释， B 得不到 C 大家的原谅 D 。 (也)

❷ 无论 A 我同意不同意 B ， 他 C 会 D 这样做。 (都)

❸ 无论他 A 说明 B ， 也得不到 C 大家的 D 赞同。 (怎么)

除非你能够说服老板，不然他是不会同意的。

1 除非你能够说服老板，不然他是不会同意的。
Chúfēi nǐ nénggòu shuōfú lǎobǎn, bùrán tā shì bú huì tóngyì de.

2 除非你答应我的要求，不然我是不会帮忙的。
Chúfēi nǐ dāying wǒ de yāoqiú, bùrán wǒ shì bú huì bāngmáng de.

3 除非你现在就去找他，不然你以后会后悔的。
Chúfēi nǐ xiànzài jiù qù zhǎo tā, bùrán nǐ yǐhòu huì hòuhuǐ de.

4 除非你马上就做好计划，否则就来不及了。
Chúfēi nǐ mǎshàng jiù zuòhǎo jìhuà, fǒuzé jiù láibují le.

5 除非你现在就马上出发，否则就赶不上了。
Chúfēi nǐ xiànzài jiù mǎshàng chūfā, fǒuzé jiù gǎn bu shàng le.

6 除非你立刻就做出选择，否则就没机会了。
Chúfēi nǐ lìkè jiù zuòchū xuǎnzé, fǒuzé jiù méi jīhuì le.

1 네가 사장님을 충분히 설득해야지, 그렇지 않으면 그는 동의하지 않을 거야.
2 네가 나의 요구를 들어줘야지, 그렇지 않으면 난 (너를) 도와 줄 수 없을 거야.
3 너는 지금 바로 그를 찾아야지, 그렇지 않으면 너 나중에 후회할 거야.
4 너는 바로 계획을 다 짜야지, 그렇지 않으면(아니면) 늦을 거야.
5 너는 지금 즉시 출발해야지, 아니면 따라잡을 수 없을 거야.
6 너는 당장 선택을 해야지, 아니면 기회가 없을 거야.

Skill Up

1. 아래 문제 ❶과 같이 주어진 단어를 활용하여 문장을 완성하세요.

❶

- 能够说服老板，他不同意

› 除非你能够说服老板，不然他是不会同意的。

❷

- 答应我的要求，我不帮忙

›

- 现在就去找他，他不原谅你

›

❹

- 现在就去解释，他不接受道歉

›

2. 아래 괄호 안에 들어갈 알맞은 단어를 고르세요.

❶ 除非你现在就马上出发，（　　　）就赶不上了。

A 再　　B 否则　　C 也　　D 又

❷ 除非你（　　　）就做出选择，否则就没机会了。

A 立刻　　B 再　　C 都　　D 也

❸ 除非你马上就做好计划，否则就（　　　）了。

A 来不上　　B 来得及　　C 去不及　　D 来不及

只要空气好，我们就开窗换换气。

1 只要空气好，我们就开窗换换气。
Zhǐyào kōngqì hǎo, wǒmen jiù kāi chuāng huànhuan qì.

2 只要放暑假，我们就去中国旅游。
Zhǐyào fàng shǔjià, wǒmen jiù qù Zhōngguó lǚyóu.

3 只要你把事情说清楚，大家就会理解。
Zhǐyào nǐ bǎ shìqing shuō qīngchu, dàjiā jiù huì lǐjiě.

4 只要我把房间收拾好，孩子就会捣乱。
Zhǐyào wǒ bǎ fángjiān shōushi hǎo, háizi jiù huì dǎoluàn.

5 我只要给他打电话，他就一定会接的。
Wǒ zhǐyào gěi tā dǎ diànhuà, tā jiù yídìng huì jiē de.

6 我只要给他发邮件，他就一定会回的。
Wǒ zhǐyào gěi tā fā yóujiàn, tā jiù yídìng huì huí de.

1 날씨(공기)가 좋기만 하면, 우리는 창문을 열어 환기를 한다.
2 여름 방학만 하면, 우리는 중국으로 여행 간다.
3 네가 일을 똑똑히 설명하기만 하면, 모두가 이해할 것이다.
4 내가 방을 잘 정리하기만 하면, 아이가 어지럽힐 것이다.
5 내가 그에게 전화를 하기만 하면, 그는 틀림없이 받을 것이다.
6 내가 그에게 이메일을 보내기만 하면, 그는 틀림없이 회신할 것이다.

Skill Up

1. 아래 문제 ❶과 같이 주어진 단어를 활용하여 문장을 완성하세요.

❶ 

- 空气好，开窗换换气

> 只要空气好，我们就开窗换换气。

❷ 

- 放暑假，去中国旅游

>

❸ 

- 有希望，要坚持下去

>

❹ 

- 你同意，带他一起去

>

2. 아래 주어진 어구를 보고 의미가 통하는 것끼리 연결한 후, 문장의 의미를 써 보세요.
(각 항목은 1회만 연결 가능)

❶ 只要你把事情说清楚 • • A 大家就会理解。

❷ 我只要给他发邮件 • • B 孩子就会捣乱。

❸ 只要我把房间收拾好 • • C 他就一定会回的。

除了家人以外，也就只有你了。

1 除了家人以外，也就只有你了。
Chúle jiārén yǐwài, yě jiù zhǐyǒu nǐ le.

2 除了工资以外，也有其他收入。
Chúle gōngzī yǐwài, yě yǒu qítā shōurù.

3 除了工作以外，也要享受生活。
Chúle gōngzuò yǐwài, yě yào xiǎngshòu shēnghuó.

4 除了学习以外，还应该参加体育活动。
Chúle xuéxí yǐwài, hái yīnggāi cānjiā tǐyù huódòng.

5 除了杯子以外，还买了别的生活用品。
Chúle bēizi yǐwài, hái mǎi le biéde shēnghuó yòngpǐn.

6 除了北京以外，还去过哈尔滨和上海。
Chúle Běijīng yǐwài, hái qùguo Hā'ěrbīn hé Shànghǎi.

1 가족 이외에 오로지 너밖에 없다.
2 월급 이외에 다른 수입도 있다.
3 일 이외에 생활도 누려야 한다.
4 공부 이외에 체육활동도 참가해야 한다.
5 컵 이외에 다른 생활용품도 샀다.
6 베이징 이외에 하얼빈과 상하이도 가 봤다.

Skill Up

1. 아래 문제 ❶과 같이 주어진 어구를 활용하여 문장을 완성하세요.

❶

- 工资, 有其他收入

> 除了工资以外，也有其他收入。

❷

- 家人, 就只有你了

>

❸

- 工作, 要享受生活

>

❹

- 蛋糕, 有别的礼物

>

2. 아래의 문장을 읽고 문장이 올바르면 ✓, 틀리면 ✕를 표시하세요.

❶ 除了北京以外，还哈尔滨和上海去过。 (　　)

❷ 除了学习以外，应该又参加体育活动。 (　　)

❸ 除了杯子以外，还买了别的生活用品。 (　　)

Dialogue

회화의 한어병음과 한자를 정확하게 읽어 보세요.

A Wā! Nǐ kàn, nà jiā biànlìdiàn ménkǒu bǎimǎn le qiǎokèlì, kàn qǐlái hǎo yòurén.

B Shì a. Yīnwèi guò jǐ tiān jiù shì Qíngrén Jié le, hěn duō rén dōu huì mǎi qiǎokèlì. Wǒmen yě mǎi yí ge chángchang ba. Nǐ xǐhuan chī nǎ zhǒng kǒuwèi de?

A Wǒ juéde qiǎokèlì wúlùn nǎ zhǒng kǒuwèi, dōu tǐng hǎo chī de. Duì le, nǐ zhīdào chúle èr yuè shísì rì yǐwài, Zhōngguó yě yǒu chuántǒng de Qíngrén Jié ma?

B Zhège wǒ hái zhēn bù zhīdào.

A Qíshí, nónglì qī yuè chūqī shì Zhōngguó chuántǒng de Qíngrén Jié, yě jiào “Qīxī Jié”.

B Wǒ tīngshuō guo Qīxī Jié, dàn méi xiǎngdào Qīxī háishi Zhōngguó de Qíngrén Jié.

A Chuánshuō nónglì qī yuè chūqī shì Niúláng Zhīnǚ yì nián yí cì xiānghuì de rìzi, suǒyǐ rénmen bǎ zhè yì tiān dìngwéi Qíngrén Jié.

B Ò, yuánlái rúcǐ. Nà jīnnián bùguǎn duō máng, wǒ dōu yào guò yíxià Zhōngguó de Qíngrén Jié.

Dialogue

09-05

A 哇！你看，那家便利店门口摆满了巧克力，看起来好诱人。

B 是啊。因为过几天就是情人节了，很多人都会买巧克力。我们也买一个尝尝吧。你喜欢吃哪种口味的？

A 我觉得巧克力无论哪种口味，都挺好吃的。对了，你知道除了2月14日以外，中国也有传统的情人节吗？

B 这个我还真不知道。

A 其实，农历七月初七是中国传统的情人节，也叫"七夕节"。

B 我听说过七夕节，但没想到七夕还是中国的情人节。

A 传说农历七月初七是牛郎织女一年一次相会的日子，所以人们把这一天定为情人节。

B 哦，原来如此。那今年不管多忙，我都要过一下中国的情人节。

A 우와! 봐봐, 저 편의점 문 앞에 초콜릿이 가득하네. 맛있어 보여.

B 그러네. 며칠 지나면 밸런타인데이라서, 많은 사람이 초콜릿을 살 거야. 우리도 하나 사서 맛보자. 너는 어떤 맛 먹는 걸 좋아해?

A 난 초콜릿은 어떤 맛이든지 다 맛있다고 생각해. 참, 너 2월 14일 이외에도 중국에 전통적인 밸런타인데이가 있다는 거 알아?

B (그건 내가) 정말 모르겠는데.

A 사실, 음력 7월 7일이 중국의 전통 밸런타인데이로, "칠석날"이라고도 해.

B 난 칠석날은 들어 본 적 있는데, 칠석날이 중국의 밸런타인데이라는 건 생각지도 못했어.

A 전설에 따르면, 음력 7월 7일이 견우직녀가 1년에 한 번 만나는 날이라서 사람들이 이 날을 밸런타인데이로 정했어.

B 아, 그렇구나. 그럼 올해는 아무리 바빠도 꼭 중국의 밸런타인데이를 경험해 봐야겠어.

Reading

중국의 옛 이야기를 중국어로 읽어 보세요!

Niúláng Zhīnǚ

Hěn jiǔ yǐqián, tiānshàng de Zhīnǚ xiàdào fánjiān, xǐhuan shàng le shànliáng de Niúláng. Yúshì Zhīnǚ jiàgěi le Niúláng, shēng le liǎng ge háizi, yì jiā rén shēnghuó de hěn xìngfú. Zhīnǚ tōutōu xià fán de shì, bèi Yùdì zhīdào le, tā fēicháng shēngqì, pài rén bǎ Zhīnǚ dàihuí le tiānshàng. Zhīnǚ zǒu hòu, Niúláng hé liǎng ge háizi dōu fēicháng xiǎngniàn tā. Niúláng dàizhe liǎng ge háizi qíqiú Yùdì, kěshì bùguǎn zěnme qíqiú, Yùdì yě bù tóngyì tāmen jiànmiàn. Tāmen de àiqíng gǎndòng le xǐquè, xǔxǔduōduō de xǐquè fēi le guòlái, dāchéng yí zuò qiáo. Zhèyàng, Niúláng hé Zhīnǚ zhōngyú zài quèqiáo shàng xiānghuì le. Wángmǔ Niángniang kàndào zhèyàng de qíngjǐng, zhǐhǎo yǔnxǔ tāmen zài měi nián nónglì qī yuè chūqī xiānghuì. Hòulái, rénmen bǎ nónglì qī yuè chūqī dìngwéi "Qīxī Jié".

견우와 직녀(牛郎织女)

먼 옛날, 하늘의 직녀가 인간 세상에 내려와 착한 견우를 좋아하게 되었다. 그래서 직녀는 견우와 결혼하여 두 아이를 낳았고, 온 가족이 행복하게 살았다. 직녀가 몰래 인간 세상에 내려온 일이 옥황상제에게 알려져, 옥황상제는 매우 화가 나, 사람을 보내 직녀를 하늘로 데려갔다. 직녀가 떠난 후 견우와 두 아이는 그녀를 너무나 그리워했다. 견우는 두 아이를 데리고 옥황상제에게 간청했지만, (견우와 두 아이들이) 아무리 빌어도 옥황상제는 그들이 만나는 것을 허락하지 않았다. 그들의 사랑은 까치를 감동시켰고, 수많은 까치들이 날아와 다리 하나를 만들었다. 이렇게 하여 견우와 직녀는 마침내 오작교(까치다리) 위에서 서로 만나게 되었다. 서왕모는 이 광경을 보고 어쩔 수 없이 그들이 매년 음력 7월 7일에 서로 만나는 것을 허락해 주었다. 후에, 사람들은 음력 7월 7일을 "칠석날"로 정하였다.

牛郎织女

很久以前，天上的织女下到凡间，喜欢上了善良的牛郎。于是织女嫁给了牛郎，生了两个孩子，一家人生活得很幸福。织女偷偷下凡的事，被玉帝知道了，他非常生气，派人把织女带回了天上。织女走后，牛郎和两个孩子都非常想念她。牛郎带着两个孩子祈求玉帝，可是不管怎么祈求，玉帝也不同意他们见面。他们的爱情感动了喜鹊，许许多多的喜鹊飞了过来，搭成一座桥。这样，牛郎和织女终于在鹊桥上相会了。王母娘娘看到这样的情景，只好允许他们在每年农历七月初七相会。后来，人们把农历七月初七定为“七夕节”。

Chapter 10

尽管这是一首老歌，可是我们都爱听。

학습 내용

尽管这是一首老歌，可是我们都爱听。

尽管身体不舒服，可他还是坚持训练。

由于最近经常熬夜，因此他看起来很憔悴。

我之所以喜欢打球，是因为可以锻炼身体。

尽管这是一首老歌，可是我们都爱听。

1 尽管这是一首老歌，可是我们都爱听。
Jǐnguǎn zhè shì yì shǒu lǎo gē, kěshì wǒmen dōu ài tīng.

2 尽管她打工很努力，可是收入并不高。
Jǐnguǎn tā dǎgōng hěn nǔlì, kěshì shōurù bìng bù gāo.

3 尽管自行车很破旧，可是功能并不差。
Jǐnguǎn zìxíngchē hěn pòjiù, kěshì gōngnéng bìng bú chà.

4 尽管我学得很努力，可是成绩还是很差。
Jǐnguǎn wǒ xué de hěn nǔlì, kěshì chéngjì háishi hěn chà.

5 尽管我走得特别快，可是我还是迟到了。
Jǐnguǎn wǒ zǒu de tèbié kuài, kěshì wǒ háishi chídào le.

6 尽管他准备得很好，可是他还是没合格。
Jǐnguǎn tā zhǔnbèi de hěn hǎo, kěshì tā háishi méi hégé.

1 비록 이것은 오래된 노래지만, 우리는 모두 듣기 좋아한다.
2 비록 그녀가 아르바이트를 열심히 하지만, 수입은 결코 많지 않다.
3 비록 자전거가 오래되어 낡았지만, 기능은 결코 떨어지지 않는다.
4 비록 나는 열심히 공부했지만, 그래도 성적이 여전히 나쁘다.
5 비록 나는 유독 빨리 걸었지만, 그래도 또 지각했다.
6 비록 그는 준비를 잘했지만, 그래도 또 합격하지 못했다.

Skill Up

1. 아래 문제 ❶과 같이 주어진 단어를 활용하여 문장을 완성하세요.

❶

- 这是一首老歌，我们都爱听

› 尽管这是一首老歌，可是我们都爱听。

❷

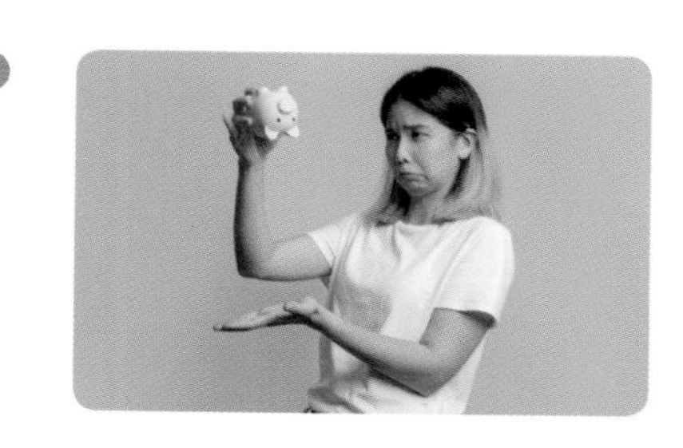

- 她打工很努力，收入并不高

›

❸

- 自行车很破旧，功能并不差

›

❹

- 他生病了，仍然坚持工作

›

2. 다음 문장에서 제시어가 들어갈 정확한 위치를 찾아보세요.

❶ A 尽管我学得 B 很努力， C 成绩还是 D 很差。 (可是)

❷ 尽管 A 我走得 B 特别快， C 可是我 D 迟到了。 (还是)

❸ 尽管 A 他准备 B 很好，可是 C 他还是 D 没合格。 (得)

尽管身体不舒服，可他还是坚持训练。

1 尽管身体不舒服，可他还是坚持训练。
Jǐnguǎn shēntǐ bù shūfu, kě tā háishi jiānchí xùnliàn.

2 尽管工作不稳定，可他还是非常乐观。
Jǐnguǎn gōngzuò bù wěndìng, kě tā háishi fēicháng lèguān.

3 尽管生活很困难，可他还是那么阳光。
Jǐnguǎn shēnghuó hěn kùnnan, kě tā háishi nàme yángguāng.

4 尽管我已经告诉他好多次了，然而他还是没有改变。
Jǐnguǎn wǒ yǐjīng gàosu tā hǎo duō cì le, rán'ér tā háishi méiyǒu gǎibiàn.

5 尽管我已经拒绝他很多次了，然而他还是没有放弃。
Jǐnguǎn wǒ yǐjīng jùjué tā hěn duō cì le, rán'ér tā háishi méiyǒu fàngqì.

6 尽管你已经批评他很多次了，然而他还是不能接受。
Jǐnguǎn nǐ yǐjīng pīpíng tā hěn duō cì le, rán'ér tā háishi bù néng jiēshòu.

1 비록 몸이 편치 않지만, 그는 여전히 훈련을 계속 했다.
2 비록 일은 안정적이지 않지만, 그는 여전히 매우 낙관적이다.
3 비록 생활이 매우 어렵지만, 그는 여전히 그렇게 밝다.
4 비록 내가 이미 그에게 여러 번 말했으나, 그는 여전히 변화가 없다.
5 비록 나는 이미 그를 여러 번 거절했지만, 그는 여전히 포기하지 않았다.
6 비록 네가 이미 그를 여러 번 비판했지만, 그는 여전히 받아들이지 못한다.

Skill Up

1. 아래 문제 ❶과 같이 주어진 단어를 활용하여 문장을 완성하세요.

❶ 

- 工作不稳定，非常乐观

› 尽管工作不稳定，可他还是非常乐观。

❷ 

- 生活很困难，那么阳光

›

❸

- 身体不舒服，坚持训练

›

❹ 

- 肚子很饱，想再吃点儿饼干

›

2. 아래 문장의 빈칸을 채워 주어진 의미에 맞게 완성하세요.

❶ 尽管我已经告诉他好多次了，然而＿＿＿＿＿＿＿＿＿＿。

비록 내가 이미 그에게 여러 번 말했으나, 그는 여전히 변화가 없다.

❷ 尽管我已经＿＿＿＿＿＿＿＿＿＿，然而他还是没有放弃。

비록 나는 이미 그를 여러 번 거절했지만, 그는 여전히 포기하지 않았다.

❸ 尽管你已经批评他很多次了，然而＿＿＿＿＿＿＿＿＿＿。

비록 네가 이미 그를 여러 번 비판했지만, 그는 여전히 받아들이지 못한다.

由于最近经常熬夜，因此他看起来很憔悴。

1 由于最近经常熬夜，因此他看起来很憔悴。
Yóuyú zuìjìn jīngcháng áoyè, yīncǐ tā kàn qǐlái hěn qiáocuì.

2 由于他学习很认真，因此考进了名牌大学。
Yóuyú tā xuéxí hěn rènzhēn, yīncǐ kǎojìn le míngpái dàxué.

3 由于他训练很刻苦，因此通过了这次测试。
Yóuyú tā xùnliàn hěn kèkǔ, yīncǐ tōngguò le zhè cì cèshì.

4 由于时间关系，今天就到此结束。
Yóuyú shíjiān guānxi, jīntiān jiù dào cǐ jiéshù.

5 由于身体原因，今天想请假休息。
Yóuyú shēntǐ yuányīn, jīntiān xiǎng qǐngjià xiūxi.

6 由于我的失职，造成了很大损失。
Yóuyú wǒ de shīzhí, zàochéng le hěn dà sǔnshī.

1 요즘 자주 밤을 새워서 그는 아주 초췌해 보인다.

2 그는 매우 열심히 공부하여 명문대학에 진학했다.

3 그는 매우 열심히 훈련해 이번 테스트를 통과했다.

4 시간 관계로 오늘은 이것으로 마치겠습니다.

5 건강상의 이유로 오늘은 휴가를 내어 쉬고 싶다.

6 나의 직무상 과실로 커다란 손실을 초래했다.

Skill Up

1. 아래 문제 ❶과 같이 주어진 단어를 활용하여 문장을 완성하세요.

❶ 

- 时间关系，今天就到此结束

› 由于时间关系，今天就到此结束。

❷ 

- 身体原因，今天想请假休息

›

❸ 

- 我的失职，造成了很大损失

›

❹ 

- 天气原因，比赛改在下周举行

›

2. 아래 주어진 어구를 보고 의미가 통하는 것끼리 연결한 후, 문장의 의미를 써 보세요.
(각 항목은 1회만 연결 가능)

❶ 由于最近经常熬夜， • • A 因此通过了这次测试。

❷ 由于他学习很认真， • • B 因此他看起来很憔悴。

❸ 由于他训练很刻苦， • • C 因此考进了名牌大学。

我之所以喜欢打球，是因为可以锻炼身体。

1 我之所以坚持打球，是因为可以锻炼身体。
Wǒ zhīsuǒyǐ jiānchí dǎ qiú, shì yīnwèi kěyǐ duànliàn shēntǐ.

2 我之所以喜欢唱歌，是因为可以放松心情。
Wǒ zhīsuǒyǐ xǐhuan chànggē, shì yīnwèi kěyǐ fàngsōng xīnqíng.

3 我之所以经常看书，是因为可以增长知识。
Wǒ zhīsuǒyǐ jīngcháng kàn shū, shì yīnwèi kěyǐ zēngzhǎng zhīshi.

4 我生你的气，是因为你对我不够关心。
Wǒ shēng nǐ de qì, shì yīnwèi nǐ duì wǒ bú gòu guānxīn.

5 我不去约会，是因为我突然有了急事。
Wǒ bú qù yuēhuì, shì yīnwèi wǒ tūrán yǒu le jíshì.

6 我选择放弃，是因为对自己没有信心。
Wǒ xuǎnzé fàngqì, shì yīnwèi duì zìjǐ méiyǒu xìnxīn.

1 내가 꾸준히 공을 치는 이유는 신체를 단련할 수 있기 때문이다.

2 내가 노래 부르는 것을 좋아하는 이유는 마음을 편히 할 수 있기 때문이다.

3 내가 자주 책을 보는 이유는 지식을 늘릴 수 있기 때문이다.

4 내가 너에게 화난 이유는 네가 나한테 관심이 없기 때문이다.

5 내가 데이트하러 가지 않는 이유는 갑자기 급한 일이 생겼기 때문이다.

6 내가 포기를 선택한 이유는 자신에 대한 믿음이 없기 때문이다.

Skill Up

1. 아래 문제 ❶과 같이 주어진 어구를 활용하여 문장을 완성하세요.

❶ 

- 坚持打球，锻炼身体

> 我之所以坚持打球，是因为可以锻炼身体。

❷ 

- 喜欢唱歌，放松心情

>

❸ 

- 经常看书，增长知识

>

❹ 

- 经常看中国电影，练习听力

>

2. 아래 괄호 안에 들어갈 알맞은 단어를 고르세요.

❶ 我生你的气，是（　　）你对我不够关心。

A 所以　B 因此　C 因为　D 尽管

❷ 我不去约会，是因为我（　　）有了急事。

A 仍然　B 突然　C 还是　D 经常

❸ 我选择放弃，是因为对自己没有（　　）。

A 功能　B 测试　C 收入　D 信心

Dialogue

회화의 한어병음과 한자를 정확하게 읽어 보세요.

A Kuài dào liù diǎn le, zánmen shōushi shōushi zhǔnbèi xiàbān ba.

B Ǹg. Jīntiān bù néng gēn nǐ yìqǐ zuò bānchē le. Wǒ yào qù gěi háizi bào ge bǔxíbān.

A Nǐ jiā háizi nàme xiǎo, hái bào shénme bǔxíbān a?

B Bù xiǎo le, míngnián jiù gāi shàngxué le. Wǒ xiǎng ràng háizi zài shàngxué zhīqián duō xué diǎnr dōngxi.

A Nǐ zhèyàng de xíngwéi jiù shì “bámiáo zhùzhǎng”. Zuò shénme shì dōu bù néng jíyú qiú chéng. Hémiáo zhīsuǒyǐ kūsǐ, bú jiù shì yīnwèi nóngfū qiángxíng bǎ hémiáo bágāo le ma?

B Jǐnguǎn wǒ zhīdào “bámiáo zhùzhǎng” de zhè zhǒng jiàoyù fāngshì bù hélǐ, kěshì yí kàndào biérén jiā de háizi bào gèzhǒng bǔxíbān, wǒ xīnlǐ jiù zháojí a.

A Āi, zhēn ná nǐ méi bànfǎ. Yóuyú shíjiān guānxi, jīntiān jiù gēn nǐ liáodào zhèr ba.

B Hǎo de, wǒmen gǎitiān zài hǎohǎo liáo. Míngtiān jiàn!

10-05

A 快到六点了，咱们收拾收拾准备下班吧。

B 嗯。今天不能跟你一起坐班车了。我要去给孩子报个补习班。

A 你家孩子那么小，还报什么补习班啊？

B 不小了，明年就该上学了。我想让孩子在上学之前多学点儿东西。

A 你这样的行为就是“拔苗助长”。做什么事都不能急于求成。禾苗之所以枯死，不就是因为农夫强行把禾苗拔高了吗？

B 尽管我知道“拔苗助长”的这种教育方式不合理，可是一看到别人家的孩子报各种补习班，我心里就着急啊。

A 哎，真拿你没办法。由于时间关系，今天就跟你聊到这儿吧。

B 好的，我们改天再好好聊。明天见！

A 곧 여섯 시야. 우리 정리 좀 하고 퇴근할 준비하자.

B 응. 오늘은 너랑 같이 셔틀버스 못 타겠다. (나는) 아이에게 학원 등록해 주러 가야 해.

A 너희 집 아이가 그렇게 어린데, 무슨 학원을 등록한다는 거야?

B 어리지 않아. 내년이면 학교 들어가. 나는 아이가 학교 가기 전에 좀 많은 것을 배우게 하고 싶어.

A 너의 이런 행위가 바로 '발묘조장'이야. 무슨 일을 하든지 급하게 목적을 달성하고자 하면 안 돼. 볏모가 시들어 죽은 이유는 농부가 강제로 볏모를 뽑아 올렸기 때문이잖아.

B 비록 나도 '발묘조장'의 이런 교육방식이 합리적이지 않다는 것은 알지만, 다른 집 아이들이 여러 학원을 다니는 것을 보면 마음이 초조해져.

A 아이고, 정말 (너는) 못 말려. 시간 관계로 오늘은 여기까지 얘기해야겠다.

B 좋아, 우리 나중에 다시 잘 얘기하자. 내일 봐!

Reading

중국의 옛 이야기를 중국어로 읽어 보세요!

Bámiáo zhùzhǎng

Cóngqián, yǒu yí ge nóngfū, tā zài tián li zhòng le yí piàn hémiáo. Jǐnguǎn guòqù le hěn duō tiān, kěshì tián li de hémiáo yìdiǎnr biànhuà yě méiyǒu. Nóngfū hěn zháojí, tā xiǎng le hěn jiǔ, zhōngyú xiǎngchū le yí ge hǎo bànfǎ, nà jiù shì bāngzhù hémiáo zhǎnggāo. Yúshì, tā jiù bǎ hémiáo yì kē yì kē de bá le qǐlái. Kànzhe zhǎnggāo de hémiáo, nóngfū gāoxìng jí le. Tā huídào jiā, gēn érzi jiǎng: “Jīntiān wǒ ràng tián li de hémiáo zhǎnggāo le yí dà jié.” Nóngfū de érzi pǎodào tián li yí kàn, fāxiàn hémiáo quándōu kūsǐ le. Yóuyú nóngfū de jíyú qiú chéng, jīnnián tāmen jiā de zhuāngjia kēlì wú shōu.

발묘조장

옛날에, 한 농부가 밭에 볏모를 심었다. 비록 여러 날이 지났지만, 밭의 볏모에는 아무런 변화도 없었다. 농부는 매우 조급했고, (그는) 오랫동안 생각한 끝에 마침내 좋은 방법을 생각해냈는데 그것은 바로 볏모가 자라도록 도와주는 것이었다. 그래서 그는 볏모를 하나씩 하나씩 뽑기 시작했다. 자라난 볏모를 보자 농부는 매우 기뻤다. 그는 집에 돌아와 아들에게 말하기를 “오늘 내가 밭의 볏모를 한 마디나 자라게 했지.”라고 했다. 농부의 아들이 밭에 달려가 보니, 볏모는 모두 시들어 죽어 있었다. 농부가 서둘러 목적을 이루고자 한 것으로 인해, 올해 그의 집 농작물은 한 톨도 거둘 수 없었다.

* ‘揠苗助長(알묘조장)(《맹자(孟子)》의 〈공손추(公孫丑)〉)’과 같은 의미로 쓰인다.

拔苗助长

从前，有一个农夫，他在田里种了一片禾苗。尽管过去了很多天，可是田里的禾苗一点儿变化也没有。农夫很着急，他想了很久，终于想出了一个好办法，那就是帮助禾苗长高。于是，他就把禾苗一棵一棵地拔了起来。看着长高的禾苗，农夫高兴极了。他回到家，跟儿子讲："今天我让田里的禾苗长高了一大截。" 农夫的儿子跑到田里一看，发现禾苗全都枯死了。由于农夫的急于求成，今年他们家的庄稼颗粒无收。

Chapter 11

哪怕要排队，还想尝尝这家菜。

학습 내용

哪怕要排队，还想尝尝这家菜。

即便三岁小孩，也不会相信你！

房子修好了，再刮大风下大雨，也不怕了。

就算不划算，我也要去买。

哪怕要排队，还想尝尝这家菜。

1 哪怕要排队，还想尝尝这家菜。
Năpà yào páiduì, hái xiăng chángchang zhè jiā cài.

2 哪怕很辛苦，还得走自己的路。
Năpà hěn xīnkŭ, hái děi zǒu zìjǐ de lù.

3 哪怕是半夜，还可以不停地吃。
Năpà shì bànyè, hái kěyǐ bù tíng de chī.

4 我只是想睡个觉而已，哪怕半个钟头也好。
Wǒ zhǐshì xiăng shuì ge jiào éryǐ, năpà bàn ge zhōngtóu yě hǎo.

5 我只是想玩一会而已，哪怕只有一天也好。
Wǒ zhǐshì xiăng wán yíhuì éryǐ, năpà zhǐyǒu yì tiān yě hǎo.

6 我只是想瘦一点而已，哪怕减两公斤也行。
Wǒ zhǐshì xiăng shòu yìdiăn éryǐ, năpà jiăn liăng gōngjīn yě xíng.

1 설령 줄을 선다 하더라도 이 집 요리를 맛보고 싶어요.

2 설령 아주 힘들더라도 자신의 길을 가야 해요.

3 설령 한밤중이라 하더라도 계속 먹을 수 있어요.

4 나는 비록 30분이라도 좋으니 그저 잠을 좀 자고 싶을 뿐이다.

5 나는 비록 하루라도 좋으니 그저 좀 놀고 싶을 뿐이다.

6 나는 비록 2kg이라도 좋으니 그저 살을 좀 빼고 싶을 뿐이다.

Skill Up

1. 아래 문제 ❶과 같이 주어진 단어를 활용하여 문장을 완성하세요.

❶

- 要排对, 想尝尝这家菜

› 哪怕要排队，还想尝尝这家菜。

❷

- 很辛苦, 得走自己的路

›

❸

- 是半夜, 可以不停地吃

›

❹

- 后悔, 要坚持下去

›

2. '哪怕'를 사용하여 아래 문장을 주어진 의미에 맞게 완성하세요.

❶ 我只是想睡个觉而已，＿＿＿＿＿＿＿＿。

나는 비록 30분이라도 좋으니 그저 잠을 좀 자고 싶을 뿐이다.

❷ 我只是想玩一会而已，＿＿＿＿＿＿＿＿。

나는 비록 하루라도 좋으니 그저 좀 놀고 싶을 뿐이다.

❸ 我只是想瘦一点而已，＿＿＿＿＿＿＿＿。

나는 비록 2kg이라도 좋으니 그저 살을 좀 빼고 싶을 뿐이다.

即便三岁小孩，也不会相信你！

1 即便三岁小孩，也不会相信你！
Jíbiàn sān suì xiǎohái, yě bú huì xiāngxìn nǐ!

2 即便专业人士，也很难看出来。
Jíbiàn zhuānyè rénshì, yě hěn nán kàn chūlái.

3 即便买到车票，也上不了车。
Jíbiàn mǎi dào chēpiào, yě shàng bu liǎo chē.

4 即便不买东西，也可以看看。
Jíbiàn bù mǎi dōngxi, yě kěyǐ kànkan.

5 即便考得不好，也没有人会说你。
Jíbiàn kǎo de bù hǎo, yě méiyǒu rén huì shuō nǐ.

6 即便掉在地上，也没有人捡起来。
Jíbiàn diàozài dìshang, yě méiyǒu rén jiǎn qǐlái.

1 비록 3살짜리 어린애라도 당신을 믿지 않을 거예요!
2 비록 전문가라 하더라도 알아내기 어려워요.
3 비록 차표를 샀다 하더라도 차에 못 타요.
4 비록 물건을 안 사더라도 보셔도 되요.
5 비록 시험을 잘 못 봤다 하더라도 너에게 뭐라고 할 사람 없다.
6 비록 땅에 떨어져도 줍는 사람이 없다.

Skill Up

1. 아래 문제 ❶과 같이 주어진 단어를 활용하여 문장을 완성하세요.

❶

- 三岁小孩，不会相信你

> 即便三岁小孩，也不会相信你！

❷

- 专业人士，很难看出来

>

❸

- 世界冠军，要继续努力

>

❹

- 公司老板，不可以迟到

>

2. 아래 문장의 빈칸을 채워 주어진 의미에 맞게 완성하세요.

❶ 即便________________，也上不了车。

비록 차표를 샀다 하더라도 차에 못 타요.

❷ 即便________________，也没有人捡起来。

비록 땅에 떨어져도 줍는 사람이 없다.

❸ 即便考得不好，也________________。

비록 시험을 잘 못 봤다 하더라도 너에게 뭐라고 할 사람 없다.

房子修好了，再刮大风下大雨，也不怕了。

1 房子修好了，再刮大风下大雨，也不怕了。
Fángzi xiūhǎo le, zài guā dà fēng xià dà yǔ, yě bú pà le.

2 我都适应了，再有不利的条件，也不怕了。
Wǒ dōu shìyìng le, zài yǒu búlì de tiáojiàn, yě bú pà le.

3 我快饿死了，再不好吃的饭菜，也能吃完。
Wǒ kuài èsǐ le, zài bù hǎochī de fàncài, yě néng chīwán.

4 我快考试了，再好看的电视剧，也不能看。
Wǒ kuài kǎoshì le, zài hǎokàn de diànshìjù, yě bù néng kàn.

5 时代变了，再不开发新的技术，就要落后了。
Shídài biàn le, zài bù kāifā xīn de jìshù, jiù yào luòhòu le.

6 快要走了，再不好好地叙叙旧，就没时间了。
Kuàiyào zǒu le, zài bù hǎohāo de xùxujiù, jiù méi shíjiān le.

1 집을 다 고쳤으니, 아무리 센 바람이 불고 많은 비가 오더라도 두렵지 않다.
2 나는 다 적응되었으니, 아무리 불리한 조건이 있더라도 두렵지 않다.
3 나는 배고파 죽을 것 같아서, 아무리 맛없는 음식이라도 다 먹을 수 있어.
4 나는 곧 시험이라서, 아무리 재미있는 드라마라도 볼 수 없어.
5 시대가 변했으니, (더 이상) 새로운 기술을 개발하지 않으면 뒤떨어질 거예요.
6 곧 떠날 거라, (지금 더 이상) 회포를 좀 풀지 않으면 (이젠) 시간이 없어요.

Skill Up

1. 아래 문제 ❶과 같이 주어진 단어를 활용하여 문장을 완성하세요.

❶

- 刮大风下大雨，不怕

› 再刮大风下大雨，也不怕了。

❷

- 有不利的条件，不怕

›

❸

- 有什么意见，不修改

›

❹

- 有什么好事，不跟你说

›

2. 아래 괄호 안에 들어갈 알맞은 단어를 고르세요.

❶ 时代变了，再不开发新的技术，（　　　）要落后了。

A 也　　B 才　　C 就　　D 可

❷ 我快饿死了，（　　　）不好吃的饭菜，也能吃完。

A 再　　B 在　　C 都　　D 只

❸ 我都饿死了，再不好吃的饭菜，（　　　）能吃完。

A 还　　B 就　　C 也　　D 才

就算不划算，我也要去买。

1 就算不划算，我也要去买。
Jiùsuàn bù huásuàn, wǒ yě yào qù mǎi.

2 就算不好吃，我也要试试。
Jiùsuàn bù hǎochī, wǒ yě yào shìshi.

3 就算做不到，我也会努力。
Jiùsuàn zuò bu dào, wǒ yě huì nǔlì.

4 就是不去紫禁城，也得去天安门。
Jiùshì bú qù Zǐjìnchéng, yě děi qù Tiān'ānmén.

5 就是再怎么困难，也不可以放弃。
Jiùshì zài zěnme kùnnan, yě bù kěyǐ fàngqì.

6 就是再怎么上火，也想吃麻辣烫。
Jiùshì zài zěnme shànghuǒ, yě xiǎng chī málàtàng.

1 설령 수지가 맞지 않더라도 나는 사러 갈 거야.

2 설령 맛이 없더라도 나는 한 번 먹어 볼 거야.

3 설령 잘 못하더라도 나는 열심히 할 거야.

4 설사 자금성에는 안 가더라도 천안문에는 가야 한다.

5 아무리 어려워도 포기할 수 없다.

6 설사 입에서 불이 난다 하더라도 마라탕이 먹고 싶다.

Skill Up

1. 아래 문제 ①과 같이 주어진 어구를 활용하여 문장을 완성하세요.

①

– 不划算, 去买

› 就算不划算，我也要去买。

②

– 不好吃, 试试

›

③

– 做不到, 努力

›

④

– 你不去, 去看看

›

2. 다음 문장에서 제시어가 들어갈 정확한 위치를 찾아보세요.

① 就是 A 不去 B 紫禁城， C 得 D 去天安门。 (也)

② A 再怎么 B 困难 C ， 也不可以 D 放弃。 (就是)

③ A 就是 B 怎么 C 上火， D 也想吃麻辣烫。 (再)

Dialogue

회화의 한어병음과 한자를 정확하게 읽어 보세요.

A Xiànzài yuèláiyuè duō de dàxuéshēng bìyè jiù děngyú shīyè.

B Shì a. Jíbiàn bìyè le, yě hěn nán zhǎodào mǎnyì de gōngzuò.

A Hěn duō miànlín bìyè de dàxué sì niánjí xuéshēng dōu bù xiǎng gǎnkuài bìyè, dōu xiǎng tuīchí bìyè.

B Méi bànfǎ. Tāmen nǎpà wǎn diǎn bìyè, yě xiǎng gěi zìjǐ zhǎo yí fèn lǐxiǎng de gōngzuò.

A Xiànzài de dàxuéshēng qiúzhí yālì tài dà. Méiyǒu jiùyè jīngyàn, yòu miànlín jīngjì bù jǐngqì, wǎngwǎng huì yǒu zhǒng sìmiàn chǔgē de gǎnjué.

B Ànzhào yǐqián de xiǎngfǎ, dàxué bìyè hòu píngjiè zìjǐ de zhuānyè nénglì jiù nénggòu zhǎodào yí fèn hǎo gōngzuò.

A Dōu shénme shídài le? Zài bù gǎibiàn duì jiùyè shìchǎng de kànfǎ, jiùyào luòhòu le.

B Wǒ juéde dàxuéshēng zhǎo gōngzuò shí, zuì zhòngyào de jiù shì zìxìn.

A Wǒ wánquán tóngyì nǐ de kànfǎ. Jiùsuàn zài zěnme nán, yě yào duì zìjǐ yǒu xìnxīn cái xíng.

Dialogue

11-05

A 现在越来越多的大学生毕业就等于失业。

B 是啊。即便毕业了，也很难找到满意的工作。

A 很多面临毕业的大学四年级学生都不想赶快毕业，都想推迟毕业。

B 没办法。他们哪怕晚点毕业，也想给自己找一份理想的工作。

A 现在的大学生求职压力太大。没有就业经验，又面临经济不景气，往往会有种四面楚歌的感觉。

B 按照以前的想法，大学毕业后凭借自己的专业能力就能够找到一份好工作。

A 都什么时代了？再不改变对就业市场的看法，就要落后了。

B 我觉得大学生找工作时，最重要的就是自信。

A 我完全同意你的看法。就算再怎么难，也要对自己有信心才行。

A 지금 점점 더 많은 대학생들은 졸업이 곧 실직이나 마찬가지야.

B 맞아. 설령 졸업한다 하더라도 만족스러운 일자리를 찾기 힘들어.

A 많은 졸업을 앞둔 대학교 4학년 학생들이 졸업을 서두르기보다는 다 졸업을 미루려고 해.

B 어쩔 수 없지. 그들은 설사 좀 늦게 졸업하더라도 자신에게 딱 맞는 일을 찾고 싶어 하거든.

A 지금의 대학생은 구직 스트레스가 너무 커. 취업 경험도 없고, 또 경제 상황도 좋지 않은 이 시국에, 늘 사면초가의 느낌이 들 거야.

B 예전 생각대로라면, 대학 졸업 후에 자신의 전공 능력에 따라 바로 좋은 일자리를 찾을 수 있었는데 말이야.

A 지금이 어느 시대인데. 고용 시장에 대한 관점을 바꾸지 않는다면 뒤떨어지게 될 거야.

B 나는 대학생이 일자리를 찾을 때 가장 중요한 것은 자신감이라고 생각해.

A 나도 네 생각에 완전 동의해. 아무리 어렵다고 하더라도 자신에게 자신감이 있어야 되는 거지.

Reading

중국의 옛 이야기를 중국어로 읽어 보세요!

Bàwáng bié Jī

Qín cháo mònián, Chǔ Hàn xiāng zhēng shídài, Xiàng Yǔ hé Liú Bāng yuánlái shuōhǎo hù bù qīnfàn. Hòulái Liú Bāng chèn Xiàng Yǔ bú zhùyì jiù gōngdǎ Xiàng Yǔ. Zhōngyú bǎ Xiàng Yǔ jǐnjǐn wéizhù. Zhèshí, Xiàng Yǔ shǒuxià de shìbīng yǐjīng hěn shǎo, liángshi yě méiyǒu le. Bànyè li tīngjiàn sìmiàn wéizhù tā de Liú Bāng jūnduì dōu chàngqǐ Chǔguó míngē, tā fēicháng chījīng de shuō: "Liú Bāng yǐjīng dédào Chǔguó le ma? Wèishénme tā de jūnduì li Chǔguó rén nàme duō ne?" Tā bēitòng de yìbiān hē jiǔ yìbiān xiě shī, xīn li nánguò de yǐjīng méiyǒu le dòuzhì, hé Yú Jī yìqǐ chàng gē. Chàngwán, Yú Jī zài Xiàng Yǔ de mǎ qián zìwěn. Xiàng Yǔ dàizhe shèngxià de shìbīng dào le Wū Jiāng, jiùsuàn sǐ yě bù kěn xiàng Liú Bāng tóuxiáng, zuìzhōng zài jiāngbiān zìwěn.

패왕별희(楚의 패왕 항우(项羽)가 우희(虞姬)와 이별하다)

진나라 말년, 초나라와 한나라가 서로 싸우는 시대에, 항우와 유방은 본래 서로 침범하지 않기로 약속했었다. 후에 유방은 항우가 부주의한 틈을 타 항우를 공격하였다. 그리고 마침내 항우를 완전히 포위하였다. 이때 항우 수하에 남은 병사는 이미 매우 적었고 식량도 떨어졌다. 한밤중에 사방에서 그를 포위한 유방의 군대에서 초나라 민요가 들려오기 시작했고, 그는 굉장히 놀라 "유방이 이미 초나라를 얻었단 말인가? 어째서 그의 군대에 초나라 사람이 저리 많은가?"라고 했다. 그는 비통하게 술을 마시며 시를 쓰고는, 괴로워 싸울 의지를 잃어버린 채, 우희와 같이 노래를 불렀다. 노래를 다 부르고 나자 우희는 항우의 말 앞에서 스스로 목을 베었다. 항우는 나머지 병사를 데리고 오강으로 갔는데, 설령 죽는 한이 있더라도 유방에게 투항하지 않고자 했으니, 결국 강변에서 스스로 목을 베어 죽었다.

霸王别姬

秦朝末年，楚汉相争时代，项羽和刘邦原来说好互不侵犯。后来刘邦趁项羽不注意就攻打项羽。终于把项羽紧紧围住。这时，项羽手下的士兵已经很少，粮食也没有了。半夜里听见四面围住他的刘邦军队都唱起楚国民歌，他非常吃惊地说：“刘邦已经得到楚国了吗？为什么他的军队里楚国人那么多呢？”他悲痛地一边喝酒一边写诗，心里难过得已经没有了斗志，和虞姬一起唱歌。唱完，虞姬在项羽的马前自刎。项羽带着剩下的士兵到了乌江，就算死也不肯向刘邦投降，最终在江边自刎。

Chapter 12

从放假那天起，我们每天都去图书馆学习。

학습 내용

从放假那天起，我们每天都去图书馆学习。

咖啡的味道越苦越好喝。

在这个世界上，其实有很多事情我们并不了解。

在专家看来，预防流感最有效的方法是做好个人卫生。

从放假那天起，我们每天都去图书馆学习。

1 从放假那天起，我们每天都去图书馆学习。
Cóng fàngjià nà tiān qǐ, wǒmen měitiān dōu qù túshūguǎn xuéxí.

2 从开学那天起，我儿子就一直期待着放假。
Cóng kāixué nà tiān qǐ, wǒ érzi jiù yìzhí qīdàizhe fàngjià.

3 从他十八岁起，就一直跟朋友们住在一起。
Cóng tā shíbā suì qǐ, jiù yìzhí gēn péngyoumen zhùzài yìqǐ.

4 从昨天晚上开始，爷爷的病就越来越严重了。
Cóng zuótiān wǎnshang kāishǐ, yéye de bìng jiù yuèláiyuè yánzhòng le.

5 从今天早上开始，我决定跟邻居们一起拼车。
Cóng jīntiān zǎoshang kāishǐ, wǒ juédìng gēn línjūmen yìqǐ pīnchē.

6 从今年元旦开始，要实行每周52小时工作制。
Cóng jīnnián Yuándàn kāishǐ, yào shíxíng měi zhōu wǔshí'èr xiǎoshí gōngzuòzhì.

1 방학한 그날부터 우리는 매일 도서관에 가서 공부한다.

2 개학한 그날부터 내 아들은 줄곧 방학을 기대하고 있다.

3 그는 18살 때부터 줄곧 친구들과 함께 살았다.

4 어젯밤부터 할아버지의 병이 점점 더 심해지셨다.

5 오늘 아침부터 나는 이웃들과 함께 카풀하기로 결정했다.

6 올해 신정부터 주 52시간 근무제를 시행한다.

Skill Up

1. 아래 문제 ❶과 같이 주어진 단어를 활용하여 문장을 완성하세요.

❶

- 放假那天，我们每天都去图书馆学习

› 从放假那天起，我们每天都去图书馆学习。

❷

- 开学那天，我儿子就一直期待着放假

›

❸

- 他十八岁，就一直跟朋友们住在一起

›

❹

- 下周六，我们要去健身房锻炼身体

›

2. 아래 괄호 안에 들어갈 알맞은 단어를 고르세요.

❶ 从昨天晚上（　　　），爷爷的病就越来越严重了。

A 决定　　B 期待　　C 开发　　D 开始

❷（　　　）今天早上开始，我决定跟邻居们一起拼车。

A 从　　B 到　　C 往　　D 向

❸ 从今年元旦开始，要（　　　）每周52小时工作制。

A 推迟　　B 举行　　C 实行　　D 造成

咖啡的味道越苦越好喝。

1 咖啡的味道越苦越好喝。
Kāfēi de wèidào yuè kǔ yuè hǎohē.

2 传统的东西越老越值钱。
Chuántǒng de dōngxi yuè lǎo yuè zhíqián.

3 重庆老火锅越辣越好吃。
Chóngqìng lǎo huǒguō yuè là yuè hǎochī.

4 你们家的三只猫越长越可爱。
Nǐmen jiā de sān zhī māo yuè zhǎng yuè kě'ài.

5 汉拿山山顶的风越刮越厉害。
Hànná Shān shāndǐng de fēng yuè guā yuè lìhai.

6 他推荐的喜剧片越看越有趣。
Tā tuījiàn de xǐjùpiàn yuè kàn yuè yǒuqù.

1 커피 맛은 쓸수록 맛있다.

2 전통적인 물건은 오래될수록 값어치가 있다.

3 충칭의 전통 훠궈(샤브샤브)는 매울수록 맛있다.

4 너희 집의 세 마리 고양이는 커 갈수록 더 귀엽다.

5 한라산 정상의 바람이 갈수록 심해진다.

6 그가 추천한 코믹물이 볼수록 재미있다.

Skill Up

1. 아래 문제 ❶과 같이 주어진 단어를 활용하여 문장을 완성하세요.

- 咖啡的味道，苦，好喝

› 咖啡的味道越苦越好喝。

②

- 传统的东西，老，值钱

›

- 重庆老火锅，辣，好吃

›

④

- 上班的地方，近，好

›

2. 아래 주어진 어구를 보고 의미가 통하는 것끼리 연결한 후, 문장의 의미를 써 보세요.
(각 항목은 1회만 연결 가능!)

❶ 你们家的三只猫 • • A 越刮越厉害。

❷ 汉拿山山顶的风 • • B 越看越有趣。

❸ 他推荐的喜剧片 • • C 越长越可爱。

在这个世界上，其实有很多事情我们并不了解。

1 在这个世界上，其实有很多事情我们并不了解。
Zài zhège shìjiè shàng, qíshí yǒu hěn duō shìqing wǒmen bìng bù liǎojiě.

2 在学习方法上，有很多学生只见树木不见森林。
Zài xuéxí fāngfǎ shàng, yǒu hěn duō xuéshēng zhǐ jiàn shùmù bú jiàn sēnlín.

3 在很大程度上，优酷的影响力超过了传统媒体。
Zài hěn dà chéngdù shàng, Yōukù de yǐngxiǎnglì chāoguò le chuántǒng méitǐ.

4 在教练的指导下，我们取得了优异的成绩。
Zài jiàoliàn de zhǐdǎo xià, wǒmen qǔdé le yōuyì de chéngjì.

5 在父母的压力下，祝英台跟梁山伯分手了。
Zài fùmǔ de yālì xià, Zhù Yīngtái gēn Liáng Shānbó fēnshǒu le.

6 在大家的帮助下，问题很快地就被解决了。
Zài dàjiā de bāngzhù xià, wèntí hěn kuài de jiù bèi jiějué le.

1 이 세계에는 사실 우리가 결코 이해할 수 없는 일들이 많다.
2 학습방법에 있어 많은 학생들이 나무만 보고 숲을 보지 못한다.
3 상당 부분 유쿠의 영향력은 전통 매체를 능가했다(뛰어넘었다).
4 코치의 지도로 우리는 우수한 성적을 거두었다.
5 부모의 압박으로 축영대는 양산백과 헤어졌다.
6 모두의 도움으로 문제가 빨리 해결되었다.

Skill Up

1. 아래 문제 ❶과 같이 주어진 단어를 활용하여 문장을 완성하세요.

- 这个世界，其实有很多事情我们并不了解

> 在这个世界上，其实有很多事情我们并不了解。

②

- 学习方法，有很多学生只见树木不见森林

>

③

- 很大程度，优酷的影响力超过了传统媒体

>

- 生活习惯，我们一家人都各有不同之处

>

2. 다음 문장에서 제시어가 들어갈 정확한 위치를 찾아보세요.

❶ A 教练的 B 指导下， C 我们取得了 D 优异的成绩。 (在)

❷ 在父母 A 的压力 B ， C 祝英台跟梁山伯 D 分手了。 (下)

❸ A 在大家的帮助下， B 问题 C 很快地就 D 解决了。 (被)

在专家看来，预防流感最有效的方法是做好个人卫生。

12-04

1 在专家看来，预防流感最有效的方法是做好个人卫生。
Zài zhuānjiā kànlái, yùfáng liúgǎn zuì yǒuxiào de fāngfǎ shì zuòhǎo gèrén wèishēng.

2 在老师看来，经常旷课不努力学习的学生不是好学生。
Zài lǎoshī kànlái, jīngcháng kuàngkè bù nǔlì xuéxí de xuéshēng bú shì hǎo xuéshēng.

3 拿这部电影来说，算得上是真人版电影中最好的一部。
Ná zhè bù diànyǐng lái shuō, suàn de shàng shì zhēnrénbǎn diànyǐng zhōng zuì hǎo de yí bù.

4 拿我们学校来说，算得上是很多外国人最想上的大学。
Ná wǒmen xuéxiào lái shuō, suàn de shàng shì hěn duō wàiguórén zuì xiǎng shàng de dàxué.

5 对孩子们来说，迪士尼是最想去的地方之一。
Duì háizimen lái shuō, Díshìní shì zuì xiǎng qù de dìfang zhī yī.

6 对年轻人来说，自己挣钱买房是很难做到的。
Duì niánqīngrén lái shuō, zìjǐ zhèngqián mǎi fáng shì hěn nán zuòdào de.

1 전문가들이 보기에 독감을 예방하는 가장 효과적인 방법은 개인위생을 잘 하는 것이다.

2 선생님이 보기에 자주 무단결석하고 열심히 공부하지 않는 학생은 좋은 학생이 아니다.

3 이 영화로 말하자면 실사 영화 중 가장 좋은 작품이라고 할 수 있다.

4 우리 학교로 말하자면 많은 외국인들이 가장 다니고 싶어 하는 대학이라고 할 수 있다.

5 아이들에게 디즈니는 가장 가고 싶은 곳 중 하나이다.

6 젊은 사람들에게 자신이 돈을 벌어 집을 사는 것은 매우 어려운 일이다.

Skill Up

1. 아래 문제 ❶과 같이 주어진 어구를 활용하여 문장을 완성하세요.

❶

- 孩子们，迪士尼是最想去的地方之一

› 对孩子们来说，迪士尼是最想去的地方之一。

❷

- 年轻人，自己挣钱买房是很难做到的

›

❸

- 中国人，红色是最喜欢的颜色之一

›

❹

- 很多人，找一份好工作是非常重要的事儿

›

2. 아래 괄호 안에 들어갈 알맞은 단어를 고르세요.

❶ （　　　）专家看来，预防流感最有效的方法是做好个人卫生。

A 到　　B 在　　C 和　　D 给

❷ 在老师（　　　），经常旷课不努力学习的学生不是好学生。

A 到来　　B 走来　　C 看来　　D 起来

❸ 拿这部电影（　　　），算得上是真人版电影中最好的一部。

A 说来　　B 到来　　C 来到　　D 来说

Dialogue

회화의 한어병음과 한자를 정확하게 읽어 보세요.

A Zuìjìn yǒu shénme zhídé yì tīng de yīnyuèhuì, gěi wǒ jièshào yíxià.

B Tīngshuō《Liáng Zhù》yīnyuèhuì búcuò, cóng xià ge yuè qǐ zài Shànghǎi yīnyuètīng měi ge zhōumò dōu huì jǔbàn dìngqī yǎnzòuhuì.

A Wǒ yǐwéi《Liáng Zhù》zhǐyǒu diànyǐng、diànshìjù, méi xiǎngdào hái yǒu zhè zhǒng xíngshì de biǎoyǎn.

B Zhè cì yǎnzòuhuì, yóu láizì Táiwān de zhùmíng èrhú yǎnzòujiā lái biǎoyǎn, yídìng fēicháng jīngcǎi.

A Wǒ tèbié xǐhuan tīng èrhú yǎnzòu, zài wǒ kànlái, tóngyàng yí ge qǔzi yòng èrhú lā chūlái de gèng hǎo tīng.

B Duì a, wǒ yě juéde èrhú de shēngyīn hěn yōuměi, yuè tīng yuè yǒu wèir.

A Nà dào shíhou nǐ yàoshi qù dehuà, bié wàng le bǎ wǒ dàishàng.

B Méi wèntí. Yì yán wéi dìng.

12-05

A 最近有什么值得一听的音乐会，给我介绍一下。

B 听说《梁祝》音乐会不错，从下个月起在上海音乐厅每个周末都会举办定期演奏会。

A 我以为《梁祝》只有电影、电视剧，没想到还有这种形式的表演。

B 这次演奏会，由来自台湾的著名二胡演奏家来表演，一定非常精彩。

A 我特别喜欢听二胡演奏，在我看来，同样一个曲子用二胡拉出来的更好听。

B 对啊，我也觉得二胡的声音很优美，越听越有味儿。

A 那到时候你要是去的话，别忘了把我带上。

B 没问题。一言为定。

A 요즘 들을 만한 음악회가 있으면 (나에게) 소개해 줘.

B 듣자하니《양축》콘서트가 괜찮다고 하던데, 다음 달부터 상하이콘서트홀에서 주말마다 정기연주회를 할 거래.

A 난《양축》이 영화, 드라마만 있는 줄 알았는데, 또 이런 장르의 공연도 있는 줄 생각도 못 했어.

B 이번 연주회는 대만에서 온 유명한 얼후 연주자가 공연을 하는데, 틀림없이 정말 멋질 거야.

A 나는 얼후 연주 듣는 걸 특히 좋아해. 내가 보기엔, 같은 곡이라도 얼후로 들으면 더 듣기 좋더라고.

B 맞아. 나도 얼후 소리가 매우 아름답다고 생각해, 들으면 들을수록 묘미가 있어.

A 그럼 그 때 네가 가게 된다면 나를 데리고 가는 것 잊지 마.

B 물론이지. 약속할게.

Reading

중국의 옛 이야기를 중국어로 읽어 보세요!

Liángzhù huà dié

Zhù Yīngtái shì yí ge měilì dàfang、cōngming hào xué de nǚ háir. Dāngshí zhǐyǒu nán háir kěyǐ shàng xué, nǚ háir bù kěyǐ. Tā hěn xiǎng qù xuéxiào xuéxí, dàn tā fùqīn bù yǔnxǔ, suǒyǐ tā jiǎbànchéng suànmìng xiānsheng, lái jiàn tā fùqīn, shuō: "Zài wǒ kànlái, ràng nín de nǚ'ér wàichū qiúxué, jiāmén jiù huì gèngjiā xīngwàng de." Tā zhōngyú dédào le fùqīn de yǔnxǔ, nǚ bàn nán zhuāng shànglù le. Zài xuéxiào tā rènshi le yí ge jiào Liáng Shānbó de shūshēng, tāmen yíjiàn rúgù, jiù jiéwéi xiōngdì. Hòulái, Liáng Shānbó zhīdào Zhù Yīngtái yuánlái shì ge nǚ háir, jiù xiǎng hé Zhù Yīngtái jiéhūn. Dàn zài Zhù Yīngtái fùmǔ de fǎnduì xià, tāmen bùdébù fēnshǒu. Bù jiǔ, Shānbó yīnwèi shāngxīn guòdù shēngbìng sǐ le. Bùguǎn Yīngtái duōme shāngxīn, fùqīn yě yào bī tā chūjià. Chūjià nà tiān, tā lùguò Shānbó de fénmù, jiù pǎodào fénmù qián dà kū le qǐlái. Tūrán yì shēng zhàléi, Shānbó de fénmù bèi zhàkāi le. Yīngtái háo bù yóuyù de tiào le jìnqù, fénmù yòu héshàng le. Suíhòu cóng fénmù li fēichū liǎng zhī měilì de húdié. Rénmen dōu shuō nà shì Liáng Shānbó hé Zhù Yīngtái de huàshēn.

양산백과 축영대가 나비가 되다

축영대는 아름답고 대범하며 총명하고 배우기를 좋아하는 여자이다. 당시에는 남자만 학교에 갈 수 있었고 여자는 그럴 수 없었다. 그녀는 학교에 공부하러 가고 싶어 했지만 그녀의 아버지는 허락하지 않았다. 그래서 점쟁이로 분장하여 그녀의 아버지를 만나러 와서 말하기를: "내가 보기에, 당신의 따님을 외지로 가 공부를 하게 하면 집안이 더욱 번성할 것이요."라고 하였다. 그녀는 마침내 아버지의 허락을 얻어 남장을 하고 길을 나섰다. 학교에서 그녀는 양산백이라는 서생을 알게 되었는데 그들은 만나자마자 친해져서 형제가 되었다. 후에 양산백은 축영대가 원래 여자였다는 것을 알고는 축영대와 결혼하기를 원했다. 그러나 축영대 부모의 반대로 그들은 헤어질 수밖에 없었다. 오래지 않아 산백은 상심이 큰 나머지 병으로 세상을 떠나고 말았다. 영대의 슬픔은 아랑곳없이 아버지는 그녀에게 결혼할 것을 강요했다. 결혼하던 날, 그녀는 산백의 무덤을 지나게 되자, 무덤 앞으로 달려가 크게 울기 시작했다. 갑자기 천둥이 치면서 산백의 무덤이 갈라졌다. 영대는 잠시의 주저함도 없이 바로 무덤 속으로 뛰어 들어갔고, 무덤은 다시 합쳐졌다. 잠시 후에 무덤 안에서 아름다운 두 마리의 나비가 날아 나왔다. 사람들은 모두 그것이 양산백과 축영대의 화신이라고 말한다.

梁祝化蝶

祝英台是一个美丽大方、聪明好学的女孩儿。当时只有男孩儿可以上学，女孩儿不可以。她很想去学校学习，但她父亲不允许，所以她假扮成算命先生，来见她父亲，说："在我看来，让您的女儿外出求学，家门就会更加兴旺的。"她终于得到了父亲的允许，女扮男装上路了。在学校她认识了一个叫梁山伯的书生，他们一见如故，就结为兄弟。后来，梁山伯知道祝英台原来是个女孩儿，就想和祝英台结婚。但在祝英台父母的反对下，他们不得不分手。不久，山伯因为伤心过度生病死了。不管英台多么伤心，父亲也要逼她出嫁。出嫁那天，她路过山伯的坟墓，就跑到坟墓前大哭了起来。突然一声炸雷，山伯的坟墓被炸开了。英台毫不犹豫地跳了进去，坟墓又合上了。随后从坟墓里飞出两只美丽的蝴蝶。人们都说那是梁山伯和祝英台的化身。

퍼펙트 중국어 4

초판인쇄	2025년 3월 10일
초판발행	2025년 3월 20일
저자	김현철, 유성은, 김아영, 김홍매, 권순자, 원립추
책임 편집	최미진, 연윤영, 高霞
펴낸이	엄태상
디자인	진지화
조판	이서영
콘텐츠 제작	김선웅, 장형진
마케팅	이승욱, 왕성석, 노원준, 조성민, 이선민
경영기획	조성근, 최성훈, 김로은, 최수진, 오희연
물류	정종진, 윤덕현, 신승진, 구윤주
펴낸곳	시사중국어사(시사북스)
주소	서울시 종로구 자하문로 300 시사빌딩
주문 및 교재 문의	1588-1582
팩스	0502-989-9592
홈페이지	http://www.sisabooks.com
이메일	book_chinese@sisadream.com
등록일자	1988년 2월 12일
등록번호	제300 - 2014 - 89호

ISBN 979-11-5720-139-6
979-11-5720-135-8(set)

연세대학교 공자아카데미 교재개발총서

신개념 패턴 학습으로 완벽한 중국어

퍼펙트 P·E·R·F·E·C·T 중국어

Workbook 4

시사중국어사

시사중국어사

목차

Chapter 01

客厅里有一台加湿器。

G Grammar 학습내용

Play Point 1 존재를 나타내는 존현문 ①

Play Point 2 존재를 나타내는 존현문 ②

Play Point 3 존재를 나타내는 존현문 ③

Play Point 4 출현, 소실을 나타내는 존현문

Dialogue 방향동사 起来 ①

Reading '동사 + 了起来'와 '동사 + 起来了'

New Word 01-00

Play Point 1

加湿器	jiāshīqì	명 (초음파) 가습기
塑料袋	sùliàodài	명 비닐봉지
阳台	yángtái	명 베란다, 발코니
沙滩	shātān	명 모래사장

Play Point 2

沙发	shāfā	명 소파
储物柜	chǔwùguì	캐비닛
衣柜	yīguì	명 옷장
餐厅	cāntīng	명 레스토랑
加油站	jiāyóuzhàn	명 주유소

Play Point 3

许多	xǔduō	형 대단히 많다, 허다하다
飞	fēi	동 (곤충·새 따위가) 날다
飘	piāo	동 흩날리다, 날아 흩어지다
朵	duǒ	양 송이 [꽃·구름 따위를 세는 단위]
云	yún	명 구름
鱼	yú	명 물고기

Play Point 4

出现	chūxiàn	동 나타나다, 출현하다
邻居	línjū	명 이웃
狗	gǒu	명 개
亲戚	qīnqi	명 친척
猫	māo	명 고양이

Dialogue

蟠桃	pántáo	명 감복숭아, 선도(仙桃)
应季	yìngjì	형 계절에 맞다, 철에 맞다
孙悟空	Sūn Wùkōng	고유 손오공, 인명 [소설 서유기(西遊記)에 나오는 현장(玄奘) 제자 중 하나]
桃子	táozi	명 복숭아
口感	kǒugǎn	명 식감

脆嫩	cuìnèn	형 사각사각하고 부드럽다
支付	zhīfù	동 지불하다
零钱	língqián	명 잔돈
批	pī	양 (사람의) 한 무리, (물건의) 한 무더기 [대량의 물건이나 다수의 사람을 세는 단위]
品种	pǐnzhǒng	명 품종
光顾	guānggù	동 왕림하다

o Reading

闹	nào	동 소란을 피우다
会	huì	명 회, 모임
齐天大圣	Qítiān Dàshèng	고유 제천대성 [서유기에서 손오공의 자칭]
整	zhěng	형 완전하다, 온전하다
玉帝	yùdì	명 옥황상제
惹	rě	동 (어떤 결과나 사태를) 일으키다, 야기하다
天宫	tiāngōng	명 천궁
桃园	táoyuán	명 복숭아밭, 도원
长寿	chángshòu	형 장수하다, 오래 살다
仙	xiān	명 선인, 신선
王母娘娘	Wángmǔ niángniang	고유 서왕모 [고대 중국 신화의 여신]
宴会	yànhuì	명 연회
乱七八糟	luànqībāzāo	엉망진창이다, 아수라장이다
仙丹	xiāndān	명 선단 [신화와 전설에 나오는 기사회생, 불로장생한다는 영약]
花果山	Huāguǒ Shān	고유 화과산 [서유기에 나오는 원숭이 왕이 살았다는 산]

Grammar

» 존현문은 어떤 사람 또는 사물의 존재나 출현, 소실을 나타내는 문장으로, 장소를 나타내는 말이 주어 자리에 온다. 빈어는 일반적으로 앞에 수량사나 기타 한정어를 동반하여 출현한다.

Play Point 1 존재를 나타내는 존현문 ①

구조	주어(장소)+ 有 + 빈어。

- 客厅里有一台加湿器。 거실에 가습기 한 대가 있다.
- 柜子里有很多塑料袋。 수납장에 비닐봉지가 많이 있다.

Play Point 2 존재를 나타내는 존현문 ②

구조	주어(장소) + 是 + 빈어。

- 学校北边是一条步行街。 학교 북쪽은 보행자 거리(보행자 전용도로)이다.
- 餐厅对面是一个加油站。 레스토랑 맞은편은 주유소이다.

Play Point 3 존재를 나타내는 존현문 ③

구조	주어(장소) + 동사 + 着 + 빈어。

» 이 구조 유형은 동사의 동작성 여부에 따라 두 가지로 나뉜다.

❶ 문장에서 동사는 동작성을 나타내지 않고, 존재의 상태를 나타낸다.

- 桌子上放着很多书。 책상 위에 많은 책이 놓여 있다.
- 公园里开着许多花。 공원에 수많은 꽃이 피어 있다.

❷ 문장에서 동사는 지속중인 동작의 상태를 나타낸다.

- 天上飞着一只鸟。 하늘에 새 한 마리가 날고 있다.
- 水里游着一条鱼。 물속에 물고기 한 마리가 헤엄치고 있다.

Play Point 4 출현, 소실을 나타내는 존현문

❶ 출현을 나타내는 존현문: 이 구조 유형에서 술어는 자주 '동사 + 了'의 형태를 취하거나 또는 '동사 + 방향보어'의 형태를 취한다.

구조	주어(장소) + 술어 + 빈어。

- 后面出现了一个人。 뒤쪽에 한 사람이 나타났다. [동사+了]
- 前面走过来一个人。 앞쪽에서 한 사람이 걸어온다. [동사+방향보어]

❷ 소실을 나타내는 존현문: 이 구조 유형도 출현을 나타내는 존현문과 마찬가지로 술어가 자주 '동사 + 了'의 형태를 취한다. 이 구조 유형에 자주 사용되는 동사로는 '丢', '走', '死', '少', '跑' 등이 있다.

구조	주어(장소) + 술어 + 빈어。

- 邻居家里丢了一条狗。 이웃집에서 개 한 마리를 잃어 버렸다.
- 他们公司走了很多人。 그(들) 회사는 많은 사람이 떠났다.

Dialogue 방향동사 起来 ①

» 방향동사 '**起来**'는 기본적으로 사람이나 사물, 동작 등이 아래에서 위로 향한다는 의미를 나타낸다.

- 你快站起来。 당신 어서 일어나요.

» 이외에 '**起来**'는 일부 동사 뒤에 쓰여 '~해 보면', '~기에는'라는 의미로, 어떤 측면에서 추측하거나 평가한다는 뜻을 나타낸다. 자주 쓰이는 동사로는 '**想**', '**看**', '**听**', '**吃**', '**说**', '**做**' 등이 있다.

- 跟一般的桃子相比，蟠桃的口感吃起来比较脆嫩。
  일반 복숭아랑 비교하면, 감복숭아의 식감은 (먹어 보면) 사각사각하고 부드러워요.
- 这件事说起来容易，做起来难。 이 일은 말하기는 쉽지만, 해 보면 어렵다.

Reading ‘동사 + 了起来’와 ‘동사 + 起来了’

» ‘동사 + **了起来**’와 ‘동사 + **起来了**’의 차이점은 ‘**了**’와 ‘**起来**’의 위치 배열에 있다. ‘동사 + **了起来**’에서는 ‘동사’라는 동작을 강조하여 표현한 것이고 ‘동사 + **起来了**’에서는 ‘**起来**’의 결과를 강조하여 표현한 것이다. 여기에서 ‘**起来**’는 동작이나 상황이 시작되어 그대로 계속됨을 나타낸다.

- 他就高兴地吃了起来。 그는 바로 신나게 먹어 치우기 시작했다.
- 他说着说着就哭起来了。 그는 말을 하다가 울기 시작했다.

Review & Writing 이번 챕터의 회화를 들으며 직접 문장을 써 보세요. 01-07

A 老板，苹果旁边的是什么？我第一次见。
사장님, 사과 옆의 것은 무엇인가요? 저는 처음 보네요.

B 这是蟠桃，现在正是应季，好吃极了。 이것은 감복숭아예요, 지금 한창 제철이라 아주 맛있어요.

A 这就是孙悟空偷吃的那个“蟠桃”啊？ 이것이 바로 손오공이 훔쳐 먹었다던 그 '선도'인가요?

B 是啊！你懂得还真多！跟一般的桃子相比，蟠桃的口感吃起来比较脆嫩。
맞아요! (당신) 많이 알고 계시네요! 일반 복숭아랑 비교하면 감복숭아의 식감은 (먹어 보면) 사각사각하고 부드러워요.

A 您给我来一斤蟠桃吧，怎么卖？ (저에게) 감복숭아 한 근 주세요. 어떻게 파세요?

B 八块一斤，微信支付吗？ 한 근에 8위안이에요, 위챗 페이로 지불할 건가요?

A 不，我钱包里正好有零钱，给您。 아니요, 제 지갑에 마침 잔돈이 있으니, (그거) 드릴게요.

B 好的。最近我家又进了一批新品种，欢迎再来光顾！
좋아요, 요즘 우리 가게에 또 새로운 품종이 많이 들어왔으니, 다음에 다시 들러 주세요!

Exercise 다음 듣기와 독해 문제를 풀어 보세요.

1. 녹음에서 들려주는 문장을 듣고 내용과 일치하는 그림에 A, B, C, D를 적으세요. 01-08

❶ (　　　　)

❷ 

(　　　　)

❸ (　　　　)

❹ 

(　　　　)

2. 두 사람의 대화를 잘 듣고 질문에 알맞은 답을 골라 빈칸에 쓰세요. 01-09

❶ (　　　)

A 借两本书　　B 不想借书

C 借一本书　　D 不肯借书

❷ (　　　)

A 不经常加班　　B 工作还行

C 工资不少　　D 工作压力大

❸ (　　　)

A 想找个地方休息　　B 想去书店

C 不想喝拿铁　　D 想喝咖啡

3. 아래 단어를 알맞게 배열하여 올바른 문장으로 완성하세요.

❶ 懂得 / 多 / 还 / 你 / 真 / 没想到

____

❷ 旁边 / 是 / 的 / 苹果 / 什么

____

❸ 一斤 / 给我 / 来 / 您 / 蟠桃

____

❹ 有 / 钱包 / 里 / 正好 / 我 / 零钱

____

❺ 又 / 一批 / 进了 / 我家 / 新品种

____

4. 아래 주어진 그림과 키워드를 참고하여 문장을 만들어 보세요.(20자 내외)

❶

키워드 相比 / 吃起来 / 脆嫩

____

____

❷

키워드 把 / 弄 / 乱起八糟

____

____

5. 아래 문장을 읽고, 빈칸에 들어갈 알맞은 어구를 골라 답을 쓰세요 .

> 孙悟空来到桃园，这里种着许多桃树，树上有很多桃子。他听说吃了这里的桃子，(❶)可以长寿，(❶)可以成仙。他就高兴地吃了(❷)。到了王母娘娘开蟠桃会的那天，宴会上来了很多人。可是桃子已经被孙悟空吃(❸)了，把王母娘娘的蟠桃会弄得乱七八糟。后来，孙悟空喝(❹)了酒，偷吃了仙丹，这才(❺)了天宫，回到了花果山。

❶ (　　　)

A 因为…所以…　　B 既…又…

C 既然…就…　　D 即使…也…

❷ (　　　)

A 起来　　B 下来　　C 上来　　D 出来

❸ (　　　)

A 见　　B 好　　C 成　　D 光

❹ (　　　)

A 醉　　B 见　　C 到　　D 成

❺ (　　　)

A 走进　　B 走来　　C 跑出　　D 跑来

Chapter 02

我家的盘子比这个更好看。

G Grammar 학습내용

Play Point 1 '比'자문

Play Point 2 '比'자문의 정도 표현

Play Point 3 비교 의미의 '有', '不如'

Play Point 4 기타 비교형식

Dialogue 관용표현 '很久没…了'

Reading ① 강조를 나타내는 '是…的'
② 양사 '对', '枚', '道'

New Word (02-00)

Play Point 1

盘子	pánzi	명 접시
严重	yánzhòng	형 심각하다
了解	liǎojiě	동 잘 알다, 이해하다
风俗	fēngsú	명 풍속
裤子	kùzi	명 바지
衬衫	chènshān	명 셔츠

Play Point 2

高档	gāodàng	형 고급의, 고품질의
份	fèn	양 부, 개 [문건, 직업 등을 세는 단위]
轻松	qīngsōng	형 수월하다, 가볍다
生产	shēngchǎn	동 생산하다
总结	zǒngjié	동 총괄하다
更加	gèngjiā	부 더욱, 한층 더
活动	huódòng	명 활동, 행사
组织	zǔzhī	동 조직하다, 구성하다

Play Point 3

棵	kē	양 그루 [나무를 세는 단위]
海鲜	hǎixiān	명 해산물
新鲜	xīnxiān	형 신선하다
观众	guānzhòng	명 관중
感觉	gǎnjué	동 느끼다
空气	kōngqì	명 공기

Play Point 4

笔记本	bǐjìběn	명 노트북
好用	hǎoyòng	형 쓰기에 편하다
脾气	píqì	명 성격

稳固	wěngù	형 안정되고 견고하다
成绩	chéngjì	명 성적

o Dialogue

春运	chūnyùn	명 설기간 여객, 화물 수송
老家	lǎojiā	명 고향(집)
聚	jù	동 모이다
假期	jiǎqī	명 휴가기간, 휴일
海外游	hǎiwàiyóu	명 해외여행
红包	hóngbāo	명 명절 때 아이에게 주는 돈
小朋友	xiǎopéngyou	명 어린아이
压岁钱	yāsuìqián	명 세뱃돈
腰包	yāobāo	명 허리춤에 차는 돈 주머니
掏	tāo	동 (물건을) 꺼내다
团圆	tuányuán	동 가족이 흩어졌다가 다시 모이다
年夜饭	niányèfàn	섣달그믐날 저녁 가족이 모여 먹는 음식
一路平安	yílù píng'ān	가시는 길 평안하길 바랍니다
传	chuán	동 전하다
朋友圈	péngyouquān	SNS [Wechat(微信)의 Moment, Instagram 등 사진과 글을 올리는 곳]
分享	fēnxiǎng	동 함께 나누다, 공유하다

o Reading

来历	láilì	명 유래, 내력
祟	suì	명 괴물, 수 [섣달그믐날 밤에 나타나 아이들을 헤친다는 전설 속 괴물]
妖	yāo	명 요괴
大年(三十)	dànián (sānshí)	명 음력 12월이 30일이 되는 해
摸	mō	동 어루만지다, 쓰다듬다
梦话	mènghuà	명 잠꼬대
退烧	tuìshāo	동 열이 내리다

傻	shǎ	형 어리석다, 멍청하다
除夕	chúxī	명 섣달 그믐날 밤
守	shǒu	동 지키다
夫妻	fūqī	명 부부
老年	lǎonián	명 노년, 노령
珍爱	zhēn'ài	동 아끼고 사랑하다
害	hài	동 해치다
枚	méi	양 매, 장, 개 [작고 납작한 물건을 세는 단위]
铜钱	tóngqián	명 동전
枕头	zhěntou	명 베개
伸手	shēnshǒu	동 손을 뻗다
金光	jīnguāng	명 금광, 금빛
逃	táo	동 달아나다, 도망치다
逐渐	zhújiàn	부 점차, 점점

Play Point 1 '比'자문

» 개사 '比'는 명사나 대사와 함께 개사구를 이루며, 사물의 성질이나 정도의 차이, 심리, 인지 상황 등의 차이를 비교 설명한다.

구조	주어 + 比 + 빈어(명사/대사) + 술어。

- 我家的盘子比这个更好看。 우리 집의 접시는 이것보다 더 예쁘다.
- 他比我更喜欢看时尚杂志。 그는 나보다 패션잡지 보는 것을 더 좋아한다.

Check!

» 부정형식은 '比' 앞에 '不'를 사용할 수 있는데, 이 경우 부분 부정을 나타낸다. 완전 부정은 '没有'를 사용한다.

- 这条裤子不比那条舒服。 이 바지는 저것만큼 편하지 않다.
- 这件衬衫不比那件好看。 이 셔츠는 저것만큼 예쁘지 않다.

Play Point 2 '比'자문의 정도 표현

» '比'자 비교문에서 대략의 차이를 나타낼 때, 술어 뒤에 '一点儿', '一些'를 사용하여 차이가 적음을 나타낸다. 또한 술어 뒤에 수량사로 구체적인 차이를 표현할 수도 있으며, 상태를 나타내는 보어도 사용할 수 있다.

구조	주어 + 比 + 빈어 + 술어 + 보어。

- 这个沙发比那个高档一点儿。 이 소파가 저것보다 조금 더 고급스럽다.
- 女儿比我早起了两个多小时。 딸이 나보다 두어 시간 더 일찍 일어났다.
- 这次报告他比我总结得更加清楚。 이번 보고는 그가 나보다 더욱 분명하게 결론지었다.

Play Point 3 비교 의미의 '有', '不如'

» '有'는 '도달하다'라는 의미로, 주어가 비교대상의 정도에 이르렀음을 나타낸다.

구조 주어 + 有 + 비교대상 + 这么/那么 + 술어。

- 这棵大树有那座房子那么高。 이 큰 나무가 저 집만큼 (그렇게) 높다.
- 这个房间有那个房间那么大。 이 방은 저 방만큼 (그렇게) 크다.

Check!

» 부정형식은 '没有'를 사용하여 나타낸다.

- 这家餐厅的海鲜没有那家的那么新鲜。
  이 식당의 해산물은 저 식당보다 (그렇게) 신선하지 않다.
- 这场比赛的观众没有上一场的那么多。
  이 시합의 관중은 지난 시합만큼 (그렇게) 많지 않다.

» '不如'는 '~만 못하다'라는 의미로, 주어가 비교대상에 미치지 못함을 나타낸다. 비교의 내용이 단순히 좋고 나쁨이 아닌 다른 내용이라면 비교대상 뒤에 구체적인 내용을 써서 표현할 수 있다.

구조 주어 + 不如 + 비교대상 (+ 술어)。

- 我感觉上班时打车不如走路快。
  나는 출근할 때 택시 타는 것은 걷는 것만큼 빠르지 않다고 느낀다.
- 我感觉这里的空气不如以前了。 나는 이곳의 공기가 예전만 못하다고 느낀다.

Play Point 4 기타 비교형식

» '跟…一样…'을 사용해 두 대상의 비교 결과가 비슷하거나 같음을 표현할 수 있다. 비교의 대상에 모두 한정어가 있다면 뒤의 비교대상 명사는 생략할 수 있다.

구조	주어 + 跟 + 비교대상 + 一样 + 술어。

- 我的笔记本跟他们的一样好用。 내 노트북은 그들 것과 마찬가지로 쓰기 좋다.
- 他汉语说得跟中国人一样流利。 그는 중국어를 중국인처럼 유창하게 한다.

Check!

» 부정형식은 '不跟…一样' 또는 '跟…不一样' 모두 가능하다. 다만 뒤에 보충 내용 없이 단순히 술어 '一样'만으로 끝났을 경우에 가능하다.

- 我的笔记本不跟他们的一样。/ 我的笔记本跟他们的不一样。
  내 노트북은 그들 것과 같지 않다(다르다).

» '像'을 사용해 두 대상의 비교 결과가 비슷하거나 같음을 표현할 수 있다. 부정은 '不像'으로 한다.

구조	주어 + 像/不像 + 비교대상 + 那么/这么 + 술어。

- 我妹妹的个子像妈妈那么高。 내 여동생의 키는 엄마처럼 (그렇게) 크다.
- 我弟弟的脾气不像我这么好。 내 남동생의 성격은 나처럼 (이렇게) 좋지는 않다.

» '一 + 양사 + 比 + 一 + 양사' 구조로 점진적인 변화의 의미(비교의미 내포)를 나타낼 수 있다.

구조	주어 + 一 + 양사 + 比 + 一 + 양사 + 술어。

- 我们的爱情一天比一天稳固。 우리의 사랑은 나날이 견고해졌다.
- 他的成绩一次比一次有进步。 그의 성적은 매 차례 향상되었다.

Dialogue 관용표현 '很久没…了'

» 아주 오랜 시간 동안 어떤 행동을 하지 않았다는 의미를 나타낼 때 쓰인다.

- 我已经很久没看电影了。 제가 영화를 안 본 지가 이미 오래 되었네요.
- 我已经很久没去找他了。 제가 그를 찾아가지 않은 지가 이미 오래 되었네요.

Reading ① 강조를 나타내는 '是…的'

» 일이 발생한 구체적인 시간, 장소, 방법, 행위자 등의 내용을 강조할 때 '**是**…**的**' 구문을 사용한다.

- 原来八枚铜钱是八仙用来保护孩子的。
  원래 여덟 개의 동전은 팔선이 아이를 보호하는 데 쓰던 것이다.
- 他是去年在中国留学的。 그는 작년에 중국에서 유학했습니다.

Reading ② 양사 '对', '枚', '道'

» **对**: 짝을 이루는 것을 세는 단위

- 一对夫妻 부부 한 쌍
- 一对杯子 컵 한 쌍

» **枚**: 작고 납작한 물건을 세는 단위

- 八枚铜钱 동전 여덟 개
- 一枚戒指 반지 한 개

» **道**: 가늘고 긴 것을 세는 단위

- 一道金光 금빛 한 줄기
- 一道河 강 한 줄기

Review & Writing 이번 챕터의 회화를 들으며 직접 문장을 써 보세요. 02-07

A 今年春节放假比去年多放两天，你打算怎么过?

올해 설은 작년보다 이틀 더 쉬는데, 너는 어떻게 보낼 계획이니?

B 我已经订好春运火车票了，回老家和亲戚朋友聚一聚。你呢?

나는 이미 설 기차표를 예매했어. 고향에 가서 친척, 친구들과 모이려고 해. 너는?

A 我要陪父母去国外旅行。我们很久没一起去旅行了。

나는 부모님 모시고 해외여행 가려고. 오랫동안 함께 여행을 못 했어.

听说趁着春节假期去海外游的人一年比一年多。我觉得给人红包不如给自己花。

설연휴 기간에 해외여행 가는 사람들이 해마다 늘고 있다더라. 세뱃돈 주느니 나 자신한테 돈 쓰는 게 나은 것 같아.

B 你家的小朋友们听了会伤心的。 너희 집 애들이 들으면 슬퍼하겠다.

A 他们现在都长大了，压岁钱给得比以前多得多。我的腰包快要被掏空了。

걔들 이제 다 커서 세뱃돈도 전보다 훨씬 많이 줘야 해. 내 주머니 탈탈 털리겠어.

春节回家过年、和家人团圆，一起吃年夜饭还是挺幸福的！春节快乐！

설에 고향 가서 가족들과 함께 그믐날 저녁 식사하는 건 그래도 행복한 거지! 새해 복 많이 받아!

B 我也祝你春节愉快，一路平安！记得把旅游照片传到朋友圈分享一下。

너도 새해 복 많이 받아. 여행 잘 다녀와. 여행 사진 SNS에 올리는 거 잊지 마.

Exercise 다음 듣기와 독해 문제를 풀어 보세요.

1. 녹음에서 들려주는 문장을 듣고 내용과 일치하는 그림에 A, B, C, D를 적으세요. 02-08

❶

(　　　　)

❷

(　　　　)

❸

(　　　　)

❹

(　　　　)

2. 두 사람의 대화를 잘 듣고 질문에 알맞은 답을 골라 빈칸에 쓰세요. 02-09

❶ (　　　)

A 看电影　　B 出去玩儿

C 运动　　D 休息

❷ (　　　)

A 贵的　　B 便宜的

C 漂亮的　　D 还不知道

❸ (　　　)

A 越来越好　　B 不太好

C 不适应　　D 很高兴

3. 아래 단어를 알맞게 배열하여 올바른 문장으로 완성하세요.

❶ 不像 / 爸爸 / 我个子 / 高 / 那么

____

❷ 踢得 / 他 / 比一场 / 好 / 一场

____

❸ 这家的 / 一点儿 / 比 / 那家的 / 蔬菜 / 新鲜

____

❹ 最近 / 以前 / 没有 / 那么 / 我身体 / 健康

____

❺ 不如 / 现在 / 打车 / 走路 / 快

____

4. 아래 주어진 그림과 키워드를 참고하여 문장을 만들어 보세요.(20자 내외)

❶ 

키워드 打折 / 衬衫 / 帽子

____

____

❷ 

키워드 年夜饭 / 照片 / 朋友圈

____

____

5. 아래 문장을 읽고, 빈칸에 들어갈 알맞은 어구를 골라 답을 쓰세요.

有一(❶)夫妻老年得子，十分珍爱。到了大年三十晚上，他们怕“祟”来害孩子，就拿出八枚铜钱和孩子玩。孩子睡着了，他们就(❷)八枚铜钱用红纸包着放在孩子的枕头边。半夜里，“祟”刚伸手去摸孩子的头，突然孩子枕边出现一(❸)金光，(❹)吓得逃跑了。原来八枚铜钱是八仙用来保护孩子的。因为“祟”跟“岁”发音(❺)，之后就逐渐变成了压岁钱。

❶ ( )

A 道　B 对　C 次　D 名

❷ ( )

A 把　B 比　C 给　D 被

❸ ( )

A 道　B 对　C 枚　D 名

❹ ( )

A 把　B 跟　C 像　D 被

❺ ( )

A 一样　B 不像　C 不同　D 不差

Chapter

03

他有个妹妹在读大学。

G Grammar 학습내용

Play Point 1 겸어문

Play Point 2 겸어문의 동사1이 '请' 또는 '让'인 경우

Play Point 3 겸어문의 동사1이 '叫' 또는 '派'인 경우

Play Point 4 겸어문의 동사1이 '使' 또는 '令'인 경우

Dialogue 부사 '本来'

Reading 반문의 어기 '难道…吗？'

New Word 03-00

o Play Point 1

外边	wàibian	명 밖, 바깥(쪽)
招聘	zhāopìn	동 초빙하다, 모집하다
中学	zhōngxué	명 중등학교
教师	jiàoshī	명 교사

o Play Point 2

做客	zuòkè	동 손님이 되다, (남의 집을) 방문하다
免费	miǎnfèi	동 돈을 받지 않다, 무료로 하다
品尝	pǐncháng	동 시식하다
软件	ruǎnjiàn	명 소프트웨어
激动	jīdòng	동 흥분하다, 감격하다
十分	shífēn	부 대단히, 십분
一	yī	형 모든, 온, 전체

o Play Point 3

陪	péi	동 모시다, 동반하다
派	pài	동 파견하다, 임명하다
当地	dāngdì	명 현지, 현장
进行	jìnxíng	동 (어떤 활동을) 하다, 진행하다
全面	quánmiàn	형 전면적이다
专家	zhuānjiā	명 전문가
详细	xiángxì	형 상세하다, 자세하다
检查	jiǎnchá	동 검사하다

o Play Point 4

使	shǐ	동 ~하게 하다
做人	zuòrén	동 사람이 되다, 인간이 되다
道理	dàolǐ	명 도리, 이치
儿时	érshí	명 어린 시절

回忆	huíyì	명 회상, 추억
令	lìng	동 ~하게 하다, 시키다
感到	gǎndào	동 느끼다, 생각하다
吃惊	chījīng	동 (깜짝) 놀라다
流感	liúgǎn	명 유행성 감기, 독감
不安	bù'ān	형 불안하다

o Dialogue

《木兰》	《Mù lán》	고유 뮬란 [영화 제목]
感想	gǎnxiǎng	명 소감
替	tì	개 ~을(를) 위하여, 대신하여
上	shàng	동 출전하다, (어떤 곳으로) 가다
战场	zhànchǎng	명 싸움터, 전쟁터
打仗	dǎzhàng	동 싸우다, 전쟁하다
立	lì	동 세우다, 서다
战功	zhàngōng	명 전쟁에서의 공, 전훈
确实	quèshí	부 확실히, 정말로
感人	gǎnrén	동 감동시키다, 감명을 주다
古代	gǔdài	명 고대
孝顺	xiàoshùn	형 효성스럽다
诗	shī	명 시(詩)
古	gǔ	고대, 옛날
文学	wénxué	명 문학

o Reading

花木兰	Huā Mùlán	고유 화무란(화목란), 인명
父	fù	명 아버지
从军	cóngjūn	동 병역에 복무하다, 군대에 가다
花	Huā	명 화씨, 성(姓)
练武	liànwǔ	동 무술을 연마하다

聪明	cōngming	형 총명하다, 영리하다
能干	nénggàn	형 유능하다, 능력이 뛰어나다
公文	gōngwén	명 공문
边疆	biānjiāng	명 변경, 변방
皇帝	huángdì	명 황제
下令	xiàlìng	동 명령을 내리다
征兵	zhēngbīng	동 징병하다
迈	mài	형 늙다, 연로하다
终究	zhōngjiū	부 결국, 필경
仍然	réngrán	부 여전히, 변함없이
坚定	jiāndìng	형 확고하다, 꿋꿋하다
难道	nándào	부 설마 ~란 말인가
保卫	bǎowèi	동 보위하다
坚持	jiānchí	동 고수하다, 고집하다
允许	yǔnxǔ	동 허락하다, 승낙하다

» 두 개의 동사가 나오는 한 문장에서 첫 번째 동사의 빈어가 두 번째 동사의 주어를 겸하게 되는 문장을 '겸어문'이라 한다.

구조	주어 + 동사1 + 겸어(동사1의 빈어이면서 동사2의 주어) + 동사2。

Play Point 1 겸어문

» 겸어문의 동사1로 '**有**'가 자주 쓰인다. '**有**' 뒤에 오는 빈어는 뒤에 오는 술어의 주어 역할을 한다. 사람 또는 사물이 '**有**'의 빈어가 되고 겸어의 술어(동사2)는 겸어를 설명하거나 묘사한다.

구조	주어 + 有 + 빈어(주어) + 동사서술어구。

- 他有个妹妹在读大学。 그는 대학에 다니는 여동생이 있습니다.
- 刚才天上有只鸟飞走了。 방금 하늘에 새 한 마리가 날아갔다.

» 겸어문의 동사1은 사역의 의미를 나타내며, 자주 사용되는 동사로 '**请**', '**让**', '**叫**', '**派**', '**使**', '**令**' 등이 있다. 동사1이 나타내는 행위 동작은 겸어가 행하는 동사2의 원인이 된다. 즉 겸어 뒤의 동사2가 나타내는 동작 행위나 상태는 동사1로 인해 발생한 것이다.

구조	주어 + 동사1 (사역동사) + 겸어 + 동사2 。

Play Point 2 겸어문의 동사1이 '请' 또는 '让'인 경우

- 老师经常请我们去他家做客。 선생님은 자주 우리를 그의 집으로 초대하십니다.
- 这个新软件非常让人激动。 이 새 소프트웨어는 사람들을 흥분하게 만들었다.

Play Point 3 겸어문의 동사1이 '叫' 또는 '派'인 경우

- 哥哥每次在我做作业的时候叫我陪弟弟玩。
  형(오빠)은 매번 내가 숙제할 때 나에게 남동생과 놀아 주라고 한다.
- 公司派我去当地进行全面的调查研究。
  회사가 나를 현지에 파견하여 전면적인 조사연구를 하도록 하였다.

Play Point 4 겸어문의 동사1이 '使' 또는 '令'인 경우

- 这件事使我明白了很多做人的道理。
  이 일은 내가(나로 하여금) 인간으로서의 도리를 많이 깨닫게 했다.
- 这次流感令许多人感到不安。 이번 유행성 감기는 많은 사람들을 불안하게 했다.

Dialogue 부사 '本来'

- 我本来想请你看那部电影的，既然你已经看过了，那就算了吧。
  내가 원래 그 영화를 네게 보여 주려고 했는데, 이미 봤다고 하니 그럼 됐네.
- 他本来很瘦，后来越来越胖。 그는 원래 말랐었는데 나중에 갈수록 뚱뚱해졌어.

Check!

» '本来'와 '原来'를 비교하면, '原来'는 언급한 내용의 현재 상태가 이전과 동일한지 여부에 관계없이 모두 사용 가능하다. 그러나 '本来'는 언급한 내용의 현재 상태가 이전과 달라졌을 경우에만 사용 가능하다.

- 他的衣服太旧了，已经看不出原来的颜色。
  그의 옷은 너무 낡아서 이미 원래 색깔을 알아볼 수 없다. ['原来'를 '本来'로 대체 가능]
- 他从来没搬过家，一直住在原来的地方。
  그는 이제껏 이사한 적 없이, 줄곧 원래 살던 곳에 산다. ['原来'를 '本来'로 대체 불가능]

» '本来'는 일반적으로 구체적인 물질 명사를 수식하지 않고, '的'자 구조로 사용되지 않는다.

- 原来的房间有点吵，我换房间了。(○)
  원래 방이 좀 시끄러워서 나는 방을 바꿨다.
- 本来的房间有点吵，我换房间了。(×) ➡ 房间: 구체명사
- 那份计划是原来的，这是修改过的。(○)
  그 계획은 원래의 것이고, 이것은 수정한 것이다.
- 那份计划是本来的，这是修改过的。(×) ➡ 本来 + 的 (×)

Reading 반문의 어기 '难道…吗?'

» '설마 ~하겠는가?, ~란 말인가!'라는 의미로, 주어 앞이나 뒤에서 반문의 어기를 나타내며 문미에 어기조사 '**吗**'가 와서 '**难道**'와 호응한다.

- 难道女孩子就不能上战场吗? 여자들은 전쟁터에 갈 수 없다는 말인가요?
- 难道你以为这孩子真的什么都不懂吗?
  넌 애가 정말 아무것도 모른다고 생각하는 거니?

Review & Writing 이번 챕터의 회화를 들으며 직접 문장을 써 보세요. 03-07

A 昨天我看了电影《木兰》。 어제 나 영화《목란》을 봤어.

B 我本来想请你看那部电影的，既然你已经看过了，那就说说你的感想吧。
내가 원래 그 영화를 네게 보여 주려고 했었는데, 네가 이미 봤다고 하니 그럼 소감을 좀 말해 봐.

A 很有意思。是一个让人很感动的故事。
재밌었어. 매우 감동적인(사람을 매우 감동시키는) 이야기야.

B 嗯，女儿替爸爸上战场打仗，立了很多战功，12年后才回家，确实是一个很感人的故事。 응(그래). 딸이 아버지를 대신해 전쟁터에 나가 싸우면서, 큰 공을 세우고 12년 만에야 겨우 집에 돌아왔으니, 확실히 매우 감명적인 이야기지.

A 她跟韩国古代小说中的沈清一样孝顺。《木兰》也是小说吗?
그녀(목란)는 한국 고대 소설에 나오는 심청과 마찬가지로 효성스럽네.《목란》도 소설이야?

B 不，这是一首诗，通过《木兰诗》能了解到很多当时的生活和风俗。
아니, 이건 시야,《목란시》를 통해 당시의 생활과 풍속을 많이 알 수 있어.

A 哇，没想到你懂得还挺多！ 와, 네가 아는 게 이렇게 많을 줄 몰랐는걸!

B 我一直对古汉语文学很感兴趣。下次再有好看的中国电影，我请你去看吧。
나는 줄곧 고대중국어문학에 관심을 가지고 있었거든. 다음에 또 괜찮은 중국영화가 있으면 내가 (너에게) 보여 줄게.

Exercise 다음 듣기와 독해 문제를 풀어 보세요.

1. 녹음에서 들려주는 문장을 듣고 내용과 일치하는 그림에 A, B, C, D를 적으세요. 03-08

❶ ( )

❷ 

( )

❸ ( )

❹ 

( )

2. 두 사람의 대화를 잘 듣고 질문에 알맞은 답을 골라 빈칸에 쓰세요. 03-09

❶ ( )

A 经常怀疑妹妹 B 每天去打工

C 不喜欢陪弟弟玩 D 有很多作业要做

❷ ( )

A 早上开始头疼 B 流感没那么厉害

C 流感让人感到不安 D 感冒的人越来越少

❸ ( )

A 那家店的菜不好吃 B 经济情况不太好，那家店没有人来

C 他们没有什么秘诀 D 那家店经常请顾客来免费品尝

3. 아래 단어를 알맞게 배열하여 올바른 문장으로 완성하세요.

❶ 有个 / 中学教师 / 学校 / 招聘 / 告诉 / 他

____

❷ 感到 / 故事 / 很多人 / 激动 / 令 / 他的

____

❸ 让 / 回答 / 他 / 感动 / 孩子的 / 十分

____

❹ 领导 / 派 / 打听 / 来这里 / 情况 / 他

____

❺ 去 / 他家 / 做客 / 经常 / 请我们 / 老师

____

4. 아래 주어진 그림과 키워드를 참고하여 문장을 만들어 보세요.(20자 내외)

❶

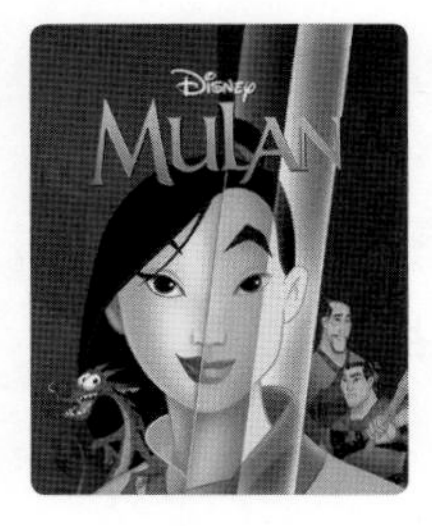

키워드 《木兰》 / 让 / 感动

____

____

❷

키워드 难道 / 先做人后做事 / 懂

____

____

5. 아래 문장을 읽고, 빈칸에 들어갈 알맞은 어구를 골라 답을 쓰세요.

花家有个小女儿叫木兰，她从小跟着父亲读书练武，聪明能干。有一天，花家来了一份公文，说边疆打仗了，皇帝下令征兵，让她父亲上战场。这个消息(❶)木兰很难受，父亲已经年迈，病得很(❷)。木兰要替父亲上战场，父亲反对说："不行！你终究是个女孩子啊！怎么能和男孩子们一起去打仗呢？"可她仍然很坚定地对父亲说："为什么只让男孩子上战场，(❸)女孩子就不能上战场吗？虽然我是个女孩子，但我从小跟着父亲读书练武，为的就是保家卫国。家里没有人能替父亲上战场，只有我才能去。"木兰的父亲看到女儿这样(❹)，也只好(❺)。

❶ ( )

A 让　　B 对　　C 被　　D 给

❷ ( )

A 尊重　　B 贵重　　C 严重　　D 稳固

❸ ( )

A 就算　　B 哪怕　　C 难道　　D 除非

❹ ( )

A 支持　　B 坚持　　C 支付　　D 坚定

❺ ( )

A 同意父亲上战场了　　B 不同意她上战场了

C 反对她上战场了　　D 允许她上战场了

Chapter 04

你可以把书架搬到客厅里。

G Grammar 학습내용

Play Point 1 '把'자문 ①

Play Point 2 '把'자문 ②

Play Point 3 '被'자문 ①

Play Point 4 '被'자문 ②

Dialogue 반문문

Reading 방향동사 起来 ②

New Word 04-00

Play Point 1

箱子	xiāngzi	명 상자
明信片	míngxìnpiàn	명 엽서

Play Point 2

冒	mào	동 나다, 내뿜다
汗	hàn	명 땀
直	zhí	부 끊임없이, 내내
哆嗦	duōsuo	동 덜덜 떨다
建	jiàn	동 짓다, 세우다
花园	huāyuán	명 화원
运动员	yùndòngyuán	명 운동선수
死党	sǐdǎng	명 절친한 친구, 베프

Play Point 3

自行车	zìxíngchē	명 자전거
围巾	wéijīn	명 스카프
吹	chuī	동 불다
工人	gōngrén	명 근로자
采纳	cǎinà	동 받아들이다
风景	fēngjǐng	명 풍경, 경치
吸引	xīyǐn	동 끌어당기다, 끌다
剧情	jùqíng	명 줄거리

Play Point 4

扫	sǎo	동 쓸다, 청소하다
忽悠	hūyou	동 속이다, 거짓말로 꾀다

Dialogue

杭州	Hángzhōu	고유 항저우
西湖	Xī Hú	고유 시후

雷峰塔	Léifēng Tǎ	고유 뇌봉탑
层	céng	양 층, 겹 [중첩되거나 쌓여있는 것을 세는 단위]
游	yóu	동 유람하다
电梯	diàntī	명 엘리베이터
扁	biǎn	형 납작하다, 깔보다, 업신여기다
顶	dǐng	명 꼭대기
民间	mínjiān	명 민간
白蛇传	《Báishé Zhuàn》	고유 《백사전》
竟然	jìngrán	부 의외로
段	duàn	양 단락 [사물이나 시간 따위의 한 부분을 세는 단위]

o Reading

以前	yǐqián	명 이전
峨眉山	Éméi Shān	고유 아미산
修炼	xiūliàn	동 수련하다
少女	shàonǚ	명 소녀
人间	rénjiān	명 인간 세상
白素贞	Bái Sùzhēn	고유 백소정(바이수전), 인명
欣赏	xīnshǎng	동 감상하다
突然	tūrán	부 갑자기
烦恼	fánnǎo	형 고민하다, 걱정하다
躲	duǒ	동 피하다, 숨다
书生	shūshēng	명 서생
许仙	Xǔ Xiān	고유 허선(쉬셴), 인명
善良	shànliáng	형 선량하다
结	jié	동 맺다, 결합하다
治	zhì	동 치료하다, 고치다
救	jiù	동 구하다, 구조하다
穷	qióng	형 가난하다, 궁하다
白娘子	Bái niángzǐ	고유 백낭자

Play Point 1 '把'자문 ①

» '把'자문에서 개사 '把'는 빈어 앞에 위치하여 뒤에 오는 술어의 대상을 이끌어낸다. '把'자문의 술어는 동사 단독으로 쓰일 수 없고, 반드시 기타성분이 와야 한다. 기타성분으로 다양한 개사구 보어 형식을 취할 수 있다.

구조	주어 + 把 + 빈어 + 술어 + 기타성분(개사구 보어)。

- 你可以把包裹寄到我家里。 당신은 우편물을 우리 집으로 보내도 됩니다.
- 你可以把衣服挂在柜子里。 당신은 옷을 옷장에 걸어도 괜찮습니다.
- 他把那本书借给朋友了。 그는 그 책을 친구에게 빌려 주었다.

Play Point 2 '把'자문 ②

» '把'자문은 술어 뒤에 기타성분으로 상태보어와 결과보어를 취할 수 있다.

구조	주어 + 把 + 빈어 + 술어 + 기타성분(상태보어/결과보어)。

- 今天把我冻得直打哆嗦。 오늘 나는 추워서 계속 (몸을) 덜덜 떨었다.
- 我们把这里当做自己家。 우리는 이곳을 제 집처럼 여긴다.
- 我们一定要把这里建成美丽的花园。
  우리는 반드시 이곳을 아름다운 정원으로 만들 것이다.

Play Point 3 '被'자문 ①

» '被'자문에서 주어는 행위의 주체가 아닌 행위의 대상으로 특정한 사람 혹은 사물이다. '被'자문 술어 뒤에는 행위의 결과를 나타내는 기타성분이 오거나 피동의 의미를 강조하는 조사 '给'나 '所'가 술어 앞에 오기도 한다.

구조	주어 + 被 + 빈어 + 给 + 술어 + 기타성분。

- 他家的小狗被小李给带走了。 그 집(의) 강아지를 샤오리가 데려갔다.
- 我的汽车被别人给开走了。 다른 사람이 나의 차를 몰고 갔다.

구조	주어 + 被 + 빈어 + 所 + 술어。

- 工人们的建议已被公司所采纳。 근로자들의 건의가 회사에 채택되었다.
- 小李被窗外漂亮的风景所吸引。 샤오리는 창밖의 아름다운 풍경에 매료되었다.

Play Point 4 '被'자문 ②

» '被'자문에서 '被' 대신 '叫'와 '让'을 쓸 수 있으며, 조사 '给'를 술어 앞에 사용하여 구어의 성격을 더욱 강하게 나타낼 수 있다.

구조	주어 + 被/叫/让 + 빈어 + 给 + 술어 + 기타성분。

- 那个箱子刚才叫人给抬走了。 그 상자는 방금 다른 사람이 들고 갔어요.
- 啤酒都让他们给喝干净了。 맥주를 그들이 다 남김없이 마셔 버렸다.

Check!

» '被'자문에서 '刚', '都', '别'와 같은 부사는 '被', '叫', '让' 바로 앞에 써야 한다. 또한 조사 '给'는 어기를 강조하는 역할을 하며 생략 가능하다.

Dialogue 반문문

» 반문문은 부정의 형식을 이용하여 긍정의 어기를 강조하거나 긍정의 형식을 이용하여 부정의 어기를 강조한다. '**不(是)…吗?** '구조는 사실이 확실히 그러함을 강조하는 어기를 나타낸다.

- 我不是早就跟你说过了吗? 내가 진작에 너에게 말하지 않았니?
- 坐电梯上去不就被你给看扁了吗?
  엘리베이터를 타고 올라갔더라면 네가 얼마나 무시했겠냐?

» 의문대사를 사용한 반문문은 의문대사의 의미를 그대로 가져오지만 대답을 원하는 것이 아니라 자신의 말을 강조하는 역할을 한다. '**怎么**'를 사용한 반문문 역시 의문을 나타내는 것이 아니라 강조의 어기를 나타낸다.

- 怎么就把你累成那样了? 어떻게 너를 그렇게 지치게 한 걸까?(그렇게 힘들 리가 없다.)
- 我怎么会把你们忘了呢? 내가 어떻게 당신들을 잊겠습니까?(잊을 리가 없다.)

Reading 방향동사 起来 ②

» '**起来**'는 동사 또는 형용사 뒤에 쓰여 어떤 동작 또는 현상이 발생하여 지속됨을 나타낸다.

- 天下起雨来。 하늘에서 비가 내리기 시작했다.
- 天阴了，下起雪来了。 하늘이 흐려지더니, 눈이 오기 시작했다.
- 天气暖和起来。 날씨가 따듯해지기 시작했다.

Review & Writing 이번 챕터의 회화를 들으며 직접 문장을 써 보세요. 04-07

A 你上次去杭州西湖的时候，爬过雷峰塔吗？
너 지난번에 항저우 시후 갔을 때, 뇌봉탑에 올라갔었어?

B 当然爬了，都把我累坏了。
당연히 올라갔지. 정말 힘들어 죽는 줄 알았네(나를 완전 지쳐 쓰러지게 만들었어).

A 是吗？雷峰塔只有五层，怎么就把你累成那样了？
그래? 뇌봉탑은 5층밖에 안 되는데, 어떻게 너를 그렇게 지치게 한 걸까?(그렇게 힘들 리는 없는데)

B 那天特别热，我又是游完西湖以后再去爬的，把我累得两腿直打哆嗦。
그날 유달리 더웠는데, 내가 또 시후를 다 돌아다닌 다음에 올라간 거라, 양쪽 다리가 후들거릴 정도로 힘들었어.

A 怪不得你会爬得那么累。你也可以选择坐电梯嘛。
그래서 그렇게 힘들게 올라갈 수밖에 없었구나. 엘리베이터를 타도 됐을 텐데.

B 坐电梯上去不就被你给看扁了吗？走上去累是累，不过塔顶的风景实在是太美了，让人难忘。 엘리베이터를 타고 올라갔다면 네가 얼마나 무시했겠냐. 걸어서 올라가면 힘들긴 한데 그래도 탑 정상의 풍경이 그야말로(정말이지) 너무 아름다워서 잊을 수가 없어.

A 那你应该听说过关于雷峰塔的民间故事《白蛇传》吧。
그럼 너는 뇌봉탑에 얽힌 민간고사 《백사전》에 관해 당연히 들어봤겠구나.

B 是啊。没想到雷峰塔竟然会有这么一段美丽的爱情故事。
응. 뇌봉탑에 이렇게 아름다운 사랑 이야기가 있을 줄은 몰랐어.

Exercise 다음 듣기와 독해 문제를 풀어 보세요.

1. 녹음에서 들려주는 문장을 듣고 내용과 일치하는 그림에 A, B, C, D를 적으세요. 04-08

❶ 

(　　　　)

❷ 

(　　　　)

❸ 

(　　　　)

❹ 

(　　　　)

2. 두 사람의 대화를 잘 듣고 질문에 알맞은 답을 골라 빈칸에 쓰세요. 04-09

❶ (　　　)

A 女的家门口　　B 女的家里

C 男的家门口　　D 男的家里

❷ (　　　)

A 男女朋友　　B 好朋友

C 同事　　D 同学

❸ (　　　)

A 不借自行车　　B 借自行车

C 去图书馆　　D 找小王

3. 아래 단어를 알맞게 배열하여 올바른 문장으로 완성하세요.

❶ 你 / 寄到 / 可以 / 包裹 / 我家里 / 把

❷ 我们 / 把 / 这里 / 建成 / 一定要 / 美丽的花园

❸ 漂亮的风景 / 窗外 / 小李 / 被 / 吸引 / 所

❹ 叫 / 人 / 给 / 那个箱子 / 刚才 / 抬走了

❺ 小李 / 带走了 / 给 / 被 / 他家的小狗

4. 아래 주어진 그림과 키워드를 참고하여 문장을 만들어 보세요.(20자 내외)

❶

키워드 西湖 / 风景 / 难忘

키워드 听说 / 关于 / 民间故事

5. 아래 문장을 읽고, 빈칸에 들어갈 알맞은 어구를 골라 답을 쓰세요.

很久以前，峨眉山上有一条白蛇。修炼千年，把自己修炼(❶)一位美丽的少女来到人间，名叫白素贞。一天，白素贞来到西湖游玩，欣赏美丽的风景。突然，天(❷)，正烦恼不知道去哪里躲雨的时候，一把雨伞出现(❸)眼前。一位年轻的书生站在她身后，这位书生名叫许仙。白素贞见许仙很善良，就喜欢上了他，许仙也喜欢上了美丽的白素贞。(❹)他们就结为了夫妻，两个人开了一家药店，治病救人。善良的白素贞还(❺)为穷人看病抓药，人们都叫她“白娘子”。

❶ (　　　)

A 做　　B 到　　C 成　　D 给

❷ (　　　)

A 下起雨来　　B 下出雨来　　C 下雨起来　　D 下起雪来

❸ (　　　)

A 给　　B 了　　C 到　　D 在

❹ (　　　)

A 以后　　B 不久　　C 很久　　D 终于

❺ (　　　)

A 竟然　　B 确实　　C 突然　　D 免费

Chapter

05

我们先去商店买衣服，然后去饭馆吃饺子。

G Grammar 학습내용

Play Point 1	① 先/首先A，然后B / ② 先A，然后B，再C
Play Point 2	① 先A，接着/紧接着B / ② 先A，接着B，然后C
Play Point 3	① A，并 B / ② A，而B / ③ A，便B
Play Point 4	① A，从而 B / ② A，于是B
Dialogue	A是B之一
Reading	방향보어 '出来'

New Word 05-00

Play Point 1

然后	ránhòu	접 그러한 후에, 그리고 나서
饭馆	fànguǎn	명 식당, 레스토랑
练歌房	liàngēfáng	명 노래방
总是	zǒngshì	부 늘, 언제나
首先	shǒuxiān	부 우선
发表	fābiǎo	동 발표하다
讨论	tǎolùn	동 토론하다
分析	fēnxī	동 분석하다

Play Point 2

接着	jiēzhe	부 이어서
举行	jǔxíng	동 개최하다
仪式	yíshì	명 의식
联欢会	liánhuānhuì	명 친목회, 파티
笔试	bǐshì	동 필기시험
紧	jǐn	형 바로 이어지다
锅	guō	명 냄비, 솥
插	chā	동 꽂다
插头	chātóu	명 플러그

Play Point 3

并	bìng	접 그리고, 또한
提	tí	동 제기하다
方法	fāngfǎ	명 방법
接受	jiēshòu	동 받아들이다, 수락하다
经验	jīngyàn	명 경험
宝贵	bǎoguì	형 귀중하다
获得	huòdé	동 획득하다, 얻다
往往	wǎngwǎng	부 종종, 자주

代价	dàijià	명 대가(代價)
小组	xiǎozǔ	명 소그룹, 소모임, 소조
作品	zuòpǐn	명 작품
创意	chuàngyì	명 창의, 새로운 의견, 사상 등
污染	wūrǎn	동 오염시키다, 오염되다
便	biàn	부 그래서, 바로, 곧
使用	shǐyòng	동 사용하다
夜以继日	yèyǐjìrì	성 밤낮없이
读书	dúshū	동 공부하다

o Play Point 4

从而	cóng'ér	접 따라서, 그리하여
学费	xuéfèi	명 학비, 수업료
积极	jījí	형 적극적이다, 열성적이다
社交	shèjiāo	명 사교
不断	búduàn	부 끊임없이, 부단히
改善	gǎishàn	동 개선하다
父亲	fùqīn	명 부친
表现	biǎoxiàn	동 표현하다, 드러내다
于是	yúshì	접 그래서, 그리하여
奖励	jiǎnglì	명 표창, 칭찬

o Dialogue

文化	wénhuà	명 문화
京剧	jīngjù	명 경극
经典	jīngdiǎn	형 전형적이다, 권위적이다
独	dú	부 혼자, 홀로
武松	Wǔ Sōng	고유 무송(우송), 인명
虎	hǔ	명 호랑이
呈现	chéngxiàn	동 나타내다, 나타나다

身临其境	shēnlín qíjìng	그 장소에 직접 가다, 실제로 그 장소에 있다
水浒传	《Shuǐhǔ Zhuàn》	고유 《수호전》[중국 사대기서(四大奇書) 중 하나로 인정 받는 중국의 고전소설]
几乎	jīhū	부 거의
家喻户晓	jiāyù hùxiǎo	집집마다 다 알다
根据	gēnjù	동 근거하다, 따르다
改编	gǎibiān	동 개편하다
版本	bǎnběn	명 판본, 버전

Reading

景阳冈	Jǐngyánggāng	고유 경양강
客栈	kèzhàn	명 옛날의 여인숙
不久	bùjiǔ	형 머지 않아, 곧
路人	lùrén	명 행인
理	lǐ	동 아랑곳하다, 상관(상대)하다
石头	shítou	명 돌, 바위
躺	tǎng	동 눕다
扑	pū	동 돌진하다, 달려들다
狠	hěn	형 지독하다, 사납다
从此	cóngcǐ	부 그로부터, 이로부터
英雄	yīngxióng	명 영웅

» 승접복문: 각 절이 시간이나 이치상 일정한 선후 순서에 의해 이어서 발생한 몇 가지 동작이나 일을 순서대로 서술한다.

Play Point 1 ① 先/首先 A, 然后 B / ② 先 A, 然后 B, 再 C

❶ **先/首先** A，**然后** B : 먼저/우선 A한 다음 B하다.

- 我们先去商店买衣服，然后去饭馆吃饺子。
  우리는 먼저 상점에 가서 옷을 사고 난 다음 식당에 가서 만두를 먹는다.
- 首先经理发表计划，然后大家进行讨论。
  우선 대표가 계획을 발표한 다음 모두(전체) 토론을 진행한다.

❷ **先** A, **然后** B, **再** C : 먼저 A한 다음 B하고 다시 C하다.

- 哥哥总是先打扫房间，然后做饭，再看电视。
  오빠는 늘 먼저 방을 청소한 다음 밥을 하고 다시 텔레비전을 본다.
- 爷爷总是先出去运动，然后洗澡，再吃早饭。
  할아버지는 늘 먼저 나가서 운동한 다음 샤워하고 다시 아침을 드신다.

Play Point 2 ① 先 A, 接着/紧接着 B / ② 先 A, 接着 B, 然后 C

❶ **先** A，**接着/紧接着** B : 먼저 A하고 이어서/곧이어 B하다.

- 我们先参观北京大学，接着参观了博物馆。
  우리는 먼저 베이징대학교를 참관하고, 이어서 박물관을 참관했다.
- 他先考了笔试，紧接着参加了面试。
  그는 먼저 필기시험을 보고, 곧이어 면접에 참가했다.

❷ **先** A，**接着** B，**然后** C : 먼저 A하고 나서 B하고, 그런 다음 C하다.

- 我先把米洗干净，接着放进锅中，然后插上插头。
  나는 먼저 쌀을 깨끗하게 씻고 나서 솥에 넣고, 그런 다음 플러그를 꽂았다.
- 我们先提出问题，接着分析问题，然后解决问题。
  우리는 먼저 문제를 제기하고 나서 문제를 분석하고, 그런 다음 문제를 해결한다.

Play Point 3 ① A，并 B / ② A，而 B / ③ A，便 B

❶ A，**并** B : A하고 (그리고 또) B하다.

- 他参观了工厂，并提出了许多解决方法。
  그는 공장을 참관하고 (그리고) 많은 해결 방법을 제시했다.
- 他接受了建议，并提出了今后合作计划。
  그는 건의를 받아들이고 (그리고) 향후 협력 계획을 제시했다.

❷ A，**而** B : A하고(하며) (그리고) B하다.

- 经验是很宝贵的，而获得经验往往需要付出代价。
  경험은 매우 귀중한 것으로, 경험을 얻는 데는 종종 대가를 치러야 한다.
- 每个小组都不错，而第三组的作品是最有创意的。
  모든 조가 다 훌륭하고, 세 번째 조의 작품이 가장 창의적이다.

❸ A，**便** B : A해서 (그래서) B하다.

- 人们都知道塑料袋容易污染环境，便不再使用塑料袋。
  사람들은 모두 비닐봉지가 환경을 오염시키기 쉽다는 것을 알아서, 다시는 비닐봉지를 사용하지 않는다.
- 他们知道考上北京大学很不容易，便夜以继日地读书。
  그들은 베이징대학교에 합격하는 것이 쉽지 않다는 것을 알아서, 밤낮으로 열심히 공부한다.

Play Point 4 ① A，从而 B / ② A，于是 B

❶ A，**从而** B : A하여 (이로써) B했다.

- 他努力打工赚钱，从而解决了学费问题。
  그는 열심히 아르바이트해서 돈을 벌어 (이로써) 학비 문제를 해결했다.
- 他积极参加活动，从而锻炼了社交能力。
  그는 적극적으로 활동에 참가하여 (이로써) 사교 능력을 길렀다.

❷ A，**于是** B : A하는 걸 보고 (그래서) B하다.

- 父亲看我们表现得很不错，于是打算给我们礼物。
  아버지는 우리가 꽤 괜찮게 하는 걸 보시고 (그래서) 우리에게 선물을 주려고 하신다.
- 经理看员工工作得很努力，于是决定请大家吃饭。
  매니저는 직원들이 열심히 일하는 것을 보고 (그래서) 모두에게 식사를 대접하기로 했다.

Dialogue A是B之一

» 'A **是** B**之一**'는 'A는 B중 하나이다'라는 의미로, 구어나 서면어에서 모두 자주 쓰는 표현이다.

- 京剧是中国经典文化之一，是中国独有的。
  경극은 중국의 전형적인 문화 중 하나로, 중국 고유의 것이다.
- 这部电影是我最喜欢的电影之一。
  이 영화는 내가 가장 좋아하는 영화 중 하나이다.

Reading 방향보어 '出来'

» 방향보어 '**出来**'는 기본적으로 동사 뒤에 쓰여 사람이나 사물 등이 안에서 밖으로 나오는 것을 나타낸다. 이외에도 일부 동사 뒤에서 동작의 완성이나 실현을 나타내는 추상적인 의미로 확장되어 사용된다.

- 武松觉得这是客栈为了让路人住他的店，而写出来吓人的。
  무송은 여인숙에서 행인들을 자기네 가게에 묵게 만들기 위해 겁주려 쓴 것이라 생각했다.
- 秘书终于把明天的计划做出来了。 비서는 마침내 내일 계획을 세웠다.

Review & Writing 이번 챕터의 회화를 들으며 직접 문장을 써 보세요. 05-07

A 周末你怎么过的? (너) 주말 어떻게 보냈어?

B 我先和朋友去商店买衣服，接着去练歌房唱歌，然后还去饭馆吃饺子了。你呢? 난 먼저 친구랑 상점에 가서 옷을 사고, 그 다음에 노래방에 가서 노래하고, 그리고 나서 또 식당에 가서 만두를 먹었지. 너는?

A 为了了解中国文化，我去听了一场京剧。
중국 문화를 이해하기 위해 나는 경극 한 편을 보러 갔어.

B 京剧是中国经典文化之一，是中国独有的。
경극은 중국 고전문화 중 하나로, 중국 고유의 것이지.

A 我看的是“武松打虎”，演员们把故事精彩地呈现出来，让人身临其境。
내가 본 건 '무송타호(武松打虎)'야. 배우들이 이야기를 너무 멋지게 표현해서 마치 정말 그 자리에 있는 듯 생생했어.

B “武松打虎”是《水浒传》里面的故事，这个故事在中国几乎家喻户晓。
'무송타호'는 《수호전(水浒传)》에 나오는 이야기인데, 이 이야기는 중국에선 거의 모든 사람들이 다 알고 있어.

A 上个月我还看了根据“武松打虎”改编的电影。
지난달에는 '무송타호'를 각색한 영화도 봤어.

B “武松打虎”不仅有电影版本，还有电视剧版本。不过我感觉都没有小说那么好看。 '무송타호'는 영화도 있고, 드라마도 있어. 그런데 난 소설만큼 재미있지는 않은 것 같아.

Exercise 다음 듣기와 독해 문제를 풀어 보세요.

1. 녹음에서 들려주는 문장을 듣고 내용과 일치하는 그림에 A, B, C, D를 적으세요. 05-08

❶

( )

❷
( )

❸
( )

❹

( )

2. 두 사람의 대화를 잘 듣고 질문에 알맞은 답을 골라 빈칸에 쓰세요. 05-09

❶ ( )

A 打扫房间　　B 做饭

C 看电视　　D 运动

❷ ( )

A 考笔试　　B 考英语

C 面试　　D 讨论

❸ ( )

A 请员工吃饭　　B 买礼物

C 给奖励　　D 给放假

3. 아래 단어를 알맞게 배열하여 올바른 문장으로 완성하세요.

❶ 不再 / 人们知道 / 使用塑料袋 / 塑料袋 / 污染环境 / 便

____

❷ 学费问题 / 努力打工 / 从而 / 他 / 挣钱 / 解决了

____

❸ 之一 / 京剧 / 经典 / 文化 / 是 / 中国

____

❹ 把 / 精彩地 / 呈现 / 演员 / 故事 / 出来

____

❺ 好看 / 小说 / 都 / 没有 / 那么 / 我感觉

____

4. 아래 주어진 그림과 키워드를 참고하여 문장을 만들어 보세요.(20자 내외)

❶

키워드 先 / 打开 / 紧接着 / 然后 / 开始

____

____

키워드 参加 / 从而 / 锻炼 / 社交能力

____

____

5. 아래 문장을 읽고, 빈칸에 들어갈 알맞은 어구를 골라 답을 쓰세요.

武松回家的路上，经过景阳冈，在景阳冈客栈喝了十八碗酒，然后（ ❶ ）山上走去。不久，武松看到一棵树上写着："景阳冈老虎伤人。"武松觉得这是客栈为了让路人住他的店，而写（ ❷ ）吓人的。武松没有理它，继续往前走。武松有点困了，于是找了一块大石头，躺下休息。刚要睡着，突然一只大老虎朝着武松（ ❸ ）了过来。于是，武松先骑到虎背上，（ ❹ ）左手抓住虎头，然后狠狠地打了一顿，没多久就把老虎（ ❺ ）打死了。从此武松成了家喻户晓的打虎英雄。

❶ （　　）

A 在　　B 往　　C 到　　D 经

❷ （　　）

A 出去　　B 进去　　C 出来　　D 进来

❸ （　　）

A 扑　　B 走　　C 吃　　D 打

❹ （　　）

A 从而　　B 然后　　C 紧接着　　D 最后

❺ （　　）

A 被　　B 得　　C 来　　D 给

Chapter 06

他不是大学生，而是研究生。

G Grammar 학습내용

- Play Point 1 不是A，而是B
- Play Point 2 ① 宁可A，也不B / ② 宁可A，也要B
- Play Point 3 与其A，不如B
- Play Point 4 ① 或者A，或者B / ② A还是B
- Dialogue 관용표현 '有过之无不及'
- Reading 개사 '由'

New Word 06-00

o Play Point 1

研究生	yánjiūshēng	명 대학원생
服务员	fúwùyuán	명 종업원
售货员	shòuhuòyuán	명 판매원
垃圾桶	lājītǒng	명 쓰레기통
演出	yǎnchū	동 공연하다
约会	yuēhuì	동 데이트하다, 만날 약속을 하다

o Play Point 2

宁可	nìngkě	접 차라리, 오히려
道歉	dàoqiàn	동 사과하다
中文	Zhōngwén	명 중국어
钢琴	gāngqín	명 피아노
弹	tán	동 (악기를) 타다, 켜다, 연주하다
生意	shēngyi	명 장사, 영업

o Play Point 3

与其	yǔqí	접 ~하기보다는, ~하느니
降低	jiàngdī	동 낮추다, 내리다, 인하하다
质量	zhìliàng	명 질, 품질
浪费	làngfèi	동 낭비하다
过去	guòqù	명 과거
相信	xiāngxìn	동 믿다, 신임하다
羡慕	xiànmù	동 부러워하다
担心	dānxīn	동 걱정하다

o Play Point 4

正式	zhèngshì	형 정식의, 공식의
或者	huòzhě	접 ~거나, ~든지, 또는
休闲	xiūxián	동 (휴일의) 휴식·오락 활동을 즐기다, 레저 활동을 하다

来	lái	동 하다 [어떤 일을 하려고 하는 적극성이나, 상대방에게 어떤 행동을 하게 하는 어감을 나타냄]
翻译	fānyì	동 번역하다
律师	lǜshī	명 변호사

o Dialogue

房子	fángzi	명 집
海淀区	Hǎidiàn qū	명 하이덴(해전)구
敢	gǎn	부 감히, 대담하게
眼睛	yǎnjing	명 눈
学区	xuéqū	명 학군
房	fáng	명 집
难为	nánwei	동 난처하게 하다, 고생시키다
委屈	wěiqu	동 억울하게 하다, 섭섭하게 하다
现实版	xiànshí bǎn	현실판
孟母	Mèngmǔ	고유 맹자의 어머니
迁	qiān	동 옮기다, 이사하다
理解	lǐjiě	동 이해하다
教育	jiàoyù	명 교육
方式	fāngshì	명 방식
承认	chéngrèn	동 시인하다, 인정하다
方面	fāngmiàn	명 방면, 측면
有过之无不及	yǒu guò zhī wú bù jí	더하면 더했지 못하지는 않다, 지나치면 지나쳤지 못 미치지는 않다

o Reading

孟子	Mèngzǐ	고유 맹자, 인명
去世	qùshì	동 세상을 떠나다, 사망하다
由	yóu	개 ~이(가), ~께서 [동작의 주체를 나타냄]
抚养	fǔyǎng	동 부양하다, 정성 들여 기르다
模仿	mófǎng	동 모방하다, 흉내내다

坟墓	fénmù	명 무덤
祭拜	jìbài	동 제사를 지내다
礼节	lǐjié	명 예절
知识	zhīshi	명 지식
大儒	dàrú	명 대학자

Grammar

» 병렬복문: 각각의 절이 여러 가지의 사건이나 상황 또는 한 가지 사물의 여러 가지 측면을 설명하거나 묘사한다.

Play Point 1 不是A，而是B

» '**不是** A，**而是** B'는 'A가 아니라 B이다'라는 의미를 나타낸다 '**不是**'와 '**而是**' 뒤에는 명사성 어구도 올 수 있고, 동사성 어구도 올 수 있다.

- 他不是大学生，而是研究生。 그는 대학생이 아니라 대학원생이다. [명사성 어구]
- 这次不是去旅行，而是去工作。
  이번은 여행하러 가는 것이 아니라 일하러 간다. [동사성 어구]

» 주어가 다를 경우, 각 절의 주어는 각각 '**不是**'와 '**而是**' 뒤에 온다.

- 不是我去开会，而是小王去开会。
  내가 회의하러 가는 것이 아니라 샤오왕이 회의하러 간다.
- 不是我去帮你，而是他去帮你。
  내가 너를 도와주러 가는 것이 아니라 그가 너를 도와주러 간다.

» 선택복문: 둘 이상의 절이 선택 사항을 제시한다.

Play Point 2 ① 宁可A，也不B / ② 宁可A，也要B

❶ **宁可** A，**也不** B : 'A할지언정 B하지 않는다'는 의미로, 앞 절의 상황을 선택함을 나타낸다.

- 我宁可在家睡觉，也不想陪她逛街。
  나는 집에서 잠을 잘지언정 그녀와 함께 쇼핑하러 가고 싶지 않다.
- 我宁可出去打工，也不想麻烦别人。
  나는 나가서 아르바이트를 할지언정 다른 사람을 귀찮게 하고 싶지 않다.

❷ **宁可** A，**也要** B : 'A하더라도 B해야(하려고) 한다'는 의미로, 앞 절은 어떤 것을 선택함을 나타내고, 뒷 절은 이 선택의 목적을 나타낸다.

- 我宁可好几天不睡觉，也要把中文学好。
  나는 며칠째 잠을 안 자더라도 중국어를 잘 배우려고 한다.
- 我宁可好几天不吃饭，也要把钢琴弹好。
  나는 며칠째 밥을 안 먹더라도 피아노를 잘 치려고 한다.

Play Point 3 与其 A，不如 B

» '**与其** A, **不如** B'는 'A하느니 B하는 것이 낫다'라는 의미로, 두 가지 상황을 비교한 후에 뒷 절의 상황을 선택함을 나타낸다.

- 与其降低价格，不如提高质量。
  가격을 낮추느니 차라리 품질을 높이는 것이 낫다.
- 与其浪费时间，不如努力工作。
  시간을 낭비하느니 차라리 열심히 일을 하는 것이 낫다.

» '**不如**'의 앞에 부사 '**还**'가 와서 '**还不如**'의 형식으로 자주 연용된다.

- 与其相信别人，还不如相信自己。
  다른 사람을 믿느니 차라리 자기 자신을 믿는 것이 낫다.
- 与其羡慕别人，还不如做好自己。
  다른 사람을 부러워하느니 차라리 자신에게 최선을 다하는 것이 낫다.

Play Point 4 ① 或者 A，或者 B / ② A 还是 B

❶ **或者** A，**或者** B : 'A하거나 혹은 B하거나'라는 의미로, 평서문에서 두 가지 이상의 사항 중 하나를 선택함을 나타낸다.

- 他穿得这么正式，或者是老板，或者是经理。
  그가 (이렇게) 정식으로 차려입은 것을 보니 사장님이거나 (아니면) 매니저일 것이다.
- 她穿得这么休闲，或者去约会，或者去旅行。
  그녀가 (이렇게) 캐주얼하게 입은 것을 보니 데이트 하러 가거나 (아니면) 여행하러 가는 것이다.

❷ A **还是** B : 'A한 건지(인지) B한 건지(인지)'라는 의미로, 의문문에서 두 개 또는 두 개 이상의 항목에서 임의로 하나를 선택하도록 함을 나타낸다.

- 这件事情，你来负责还是他来负责?
  이 일은 네가 책임지니 그렇지 않으면 그가 책임지니?
- 这个资料，你来翻译还是我来翻译?
  이 자료는 네가 번역하니 그렇지 않으면 내가 번역하니?

Dialogue 관용표현 '有过之无不及'

» '지나치면 지나쳤지 못 미치지는 않다, 그 이상이지 그 이하는 아니다'라는 의미를 나타내는 관용표현으로, 주로 부정적인 방면에 쓰인다.

- 我也承认，在孩子教育方面跟孟母相比，是有过之无不及。
  나도 인정해. 아이 교육방면에서 맹모와 비교하면 나는 더하면 더했지 덜하지는 않아.
- 这场雪下得太大了，跟去年相比有过之无不及。
  이번 눈은 너무 많이 왔다. 작년과 비교하면 그 이상이지 그 이하는 아니다.

Reading 개사 '由'

» 개사 '由'는 '~이/가, ~에 의해, ~(으)로부터'의 의미를 나타내며 동작의 주체인 행위자를 이끌어 낸다.

- 孟子三岁的时候父亲就去世了，所以由孟母一个人把他抚养长大。
  맹자가 세 살 때 아버지가 돌아가셔서, 맹자 어머니 혼자서 맹자를 키웠다.
- 今天的会议由小王主持。 오늘의 회의는 샤오왕이 주재한다.

Review & Writing 이번 챕터의 회화를 들으며 직접 문장을 써 보세요. 06-07

A 你们原来那个房子也没住多长时间啊。这次又搬到哪儿了？
너희 원래 그 집도 얼마 살지 않았잖아. 이번에는 또 어디로 이사 갔어?

B 这次搬到海淀区了。第一次去看房的时候，真是不敢相信自己的眼睛，太旧了。 이번에는 하이덴구로 이사했어. 처음 집 보러 갔을 때 정말 내 눈을 의심하지 않을 수 없었어. 엄청 낡아서.

A 学区房都那样，或者房子小，或者房子旧。住那样的房子，实在是难为你们了。 학군 좋은 곳의 집은 다 그래. 집이 작거나 아님 낡았거나. 그런 집에 살다니 정말 너희 고생이 많구나.

B 没办法，为了让孩子上那所好学校，只能委屈自己了。
어쩔 수 없어. 아이를 (그) 좋은 학교에 보내기 위해서는 내가 견딜 수밖에 없어.

A 你还真是现实版的“孟母三迁”，要是我的话，宁可自己活得舒服，也不愿意委屈自己。
너는 정말 현실판 '맹모삼천'이구나. 나라면 나 자신을 괴롭히기보다는 그냥 편안하게 살 텐데.

B 等你有了孩子就能理解做父母的心情了。
(네가) 아이가 생기면 너도 부모의 마음을 이해할 수 있게 될 거야.

A 这不是有没有孩子的问题，而是教育方式的问题。
이것은 아이가 있고 없고의 문제가 아니라, 교육방식의 문제야.

B 我也承认，在孩子教育方面跟孟母相比，是有过之无不及。
나도 인정해. 아이 교육방면에서 맹모와 비교하면 나는 더하면 더했지 덜하지는 않아.

Exercise 다음 듣기와 독해 문제를 풀어 보세요.

1. 녹음에서 들려주는 문장을 듣고 내용과 일치하는 그림에 A, B, C, D를 적으세요. 06-08

❶

(　　　　)

❷

(　　　　)

❸

(　　　　)

❹

(　　　　)

2. 두 사람의 대화를 잘 듣고 질문에 알맞은 답을 골라 빈칸에 쓰세요. 06-09

❶ (　　　)

A 不去杭州　　B 想去逛逛

C 不想逛街　　D 想去旅行

❷ (　　　)

A 自己翻译　　B 让男的翻译

C 发邮件　　D 不去开会

❸ (　　　)

A 降低价格　　B 调整价格

C 不做广告宣传　　D 做好广告宣传

3. 아래 단어를 알맞게 배열하여 올바른 문장으로 완성하세요.

❶ 又 / 这次 / 哪儿 / 搬到 / 了 / 你

____

❷ 不敢 / 自己的 / 真是 / 相信 / 眼睛

____

❸ 时间 / 那个 / 没 / 住 / 房子 / 多长

____

❹ 这个 / 难为 / 实在是 / 你们 / 了 / 要求

____

❺ 这 / 问题 / 有没有 / 孩子的 / 不是

____

4. 아래 주어진 그림과 키워드를 참고하여 문장을 만들어 보세요.(20자 내외)

❶ 

키워드 有了孩子 / 理解 / 父母的心情

____

____

❷ 

키워드 为了 / 好学校 / 委屈

____

____

5. 아래 문장을 읽고, 빈칸에 들어갈 알맞은 어구를 골라 답을 쓰세요.

孟子三岁的时候父亲就去世了，所以（ ❶ ）孟母一个人把他抚养长大。小时候，孟子特别爱玩儿，模仿能力也很（ ❷ ）。他家原来住在坟墓附近，他在家或者玩儿建坟墓的游戏，或者玩儿学别人一边哭一边祭拜的游戏。孟母想："（ ❸ ）住在这里，（ ❸ ）把家搬到市场附近。"搬家以后，孟子又开始玩儿模仿别人做生意的游戏。孟母认为这（ ❹ ）孟子的问题，（ ❹ ）环境的问题。（ ❺ ），就把家搬到学校旁边。搬家以后，孟子就跟着学生们学习礼节和知识。孟母认为这才是孟子应该学习的，心里很高兴，就不再搬家了。后来，孟子认真读书，终于成为天下有名的大儒。

❶ （ ）

A 对　B 向　C 由　D 给

❷ （ ）

A 强　B 高　C 多　D 长

❸ （ ）

A 宁可…也不…　B 与其…不如…
C 首先…然后…　D 为了…而…

❹ （ ）

A 只有…才…　B 或者…或者…
C 先…接着…　D 不是…而是…

❺ （ ）

A 因为　B 于是　C 从而　D 并

Chapter 07

要是你没受伤，冠军就是你了。

G Grammar 학습내용

Play Point 1	① 要是A，就B / ② 要不是A，就B
Play Point 2	① 假如A，就B / 倘若A，就B
Play Point 3	① 没有A，就不/没有B / ② A，否则B
Play Point 4	① 幸亏A，不然B / ② 万一A，就B
Dialogue	拿下比赛
Reading	목적을 나타내는 동사 '来'

New Word 07-00

Play Point 1

受伤	shòushāng	동 상처를 입다, 부상 당하다
冠军	guànjūn	명 우승, 1등
稍微	shāowēi	부 조금, 약간
赶	gǎn	동 따라잡다
销售	xiāoshòu	동 판매하다
帮助	bāngzhù	동 돕다
持续	chíxù	동 지속하다

Play Point 2

假如	jiǎrú	접 만약, 만일
游览	yóulǎn	동 여행하다
世界	shìjiè	명 세계
倘若	tǎngruò	접 만약, 가령
森林	sēnlín	명 삼림, 숲
着火	zháohuǒ	동 불나다
地球	dìqiú	명 지구
生态	shēngtài	명 생태
影响	yǐngxiǎng	명 영향
支持	zhīchí	동 지지하다, 후원하다
项目	xiàngmù	명 항목, 프로젝트
结束	jiéshù	동 끝나다, 마치다
球赛	qiúsài	명 구기시합

Play Point 3

批评	pīpíng	동 비판하다, 꾸짖다
鼓励	gǔlì	동 격려하다
偏食	piānshí	명 편식
否则	fǒuzé	접 만약 그렇지 않으면
营养	yíngyǎng	명 영양

不良	bùliáng	형 좋지 않다, 불량하다

o Play Point 4

幸亏	xìngkuī	부 다행히, 운 좋게
提醒	tíxǐng	동 일깨우다, 주의를 환기시키다
不然	bùrán	접 그렇지 않으면
火灾	huǒzāi	명 화재
粗心	cūxīn	형 세심하지 못하다, 부주의하다
万一	wànyī	접 만일, 만약
后悔莫及	hòuhuǐ mò jí	후회막급이다
节约	jiéyuē	동 절약하다
维持	wéichí	동 유지하다

o Dialogue

端午节	Duānwǔ Jié	명 단오절
龙舟	lóngzhōu	명 용배
拿	ná	동 따다, 타다, 얻다
队长	duìzhǎng	명 주장, 대장
证明	zhèngmíng	동 증명하다
带（带队）	dài（dài duì）	동 인도하다, 이끌다
多亏	duōkuī	동 덕을 입다, 은혜를 입다
配合	pèihé	동 협력하다, 호응하다
努力	nǔlì	동 노력하다
胜利	shènglì	동 승리하다
赛龙舟	sài lóngzhōu	단오절 용선 경주
人山人海	rénshān rénhǎi	성 인산인해
场面	chǎngmiàn	명 장면, 광경
惊心动魄	jīngxīn dòngpò	손에 땀을 쥐게 하다
赢	yíng	동 이기다
挑战	tiǎozhàn	동 도전하다

庆祝	qìngzhù	[동] 축하하다

o Reading

屈原	Qū Yuán	[고유] 굴원, 인명
与	yǔ	[개] ~와(과)
伟大	wěidà	[형] 위대하다
政治家	zhèngzhìjiā	정치가
爱国	àiguó	[동] 애국하다, 나라를 사랑하다
诗人	shīrén	[명] 시인
楚	Chǔ	[고유] 초나라
王	wáng	[명] 왕, 임금
秦	Qín	[고유] 진나라
攻打	gōngdǎ	[동] 공격하다
后果	hòuguǒ	[명] 최후의 결과 [대체로 나쁜 측면을 말함]
打败	dǎbài	[동] 싸워 이기다, 물리치다
绝望	juéwàng	[동] 절망하다
农历	nónglì	[명] 음력
初	chū	[명] 초기
自杀	zìshā	[동] 자살하다
百姓	bǎixìng	[명] 백성
有的	yǒude	[대] 어떤 사람, 어떤 것 [사람 또는 사물의 일부]
划	huá	[동] 젓다
赶	gǎn	[동] 쫓다, 내몰다
粽子	zòngzi	[명] 쫑즈 [찹쌀에 대추 등을 넣고 대나무잎에 싸서 찐 단오절 음식]
虾	xiā	[명] 새우
纪念	jìniàn	[동] 기념하다

» 가정복문: 만약의 상황에 따른 결과를 나타낸다.

Play Point 1 ① 要是 A，就 B / ② 要不是 A，就 B

❶ **要是** A，**就** B : 만약 A라면 B일 것이다.

- 要是你没受伤，冠军就是你了。 만약 네가 다치지 않았다면 일등은 바로 너였을 거야.
- 要是稍微出错，事情就闹大了。 만약 조금이라도 실수하면 일이 시끄럽게 될 거야.

❷ **要不是** A，**就** B : 만약 A가 아니었다면 B일 것이다.

- 要不是网络销售，生意就没有这么好了。
  인터넷 판매가 아니었다면 사업이 이렇게 잘되지 않았을 거야.
- 要不是大家帮助，我们就不能持续下去。
  여러분의 도움이 아니었다면 우리는 계속해 나가지 못했을 거예요.

Play Point 2 ① 假如 A，就 B / 倘若 A，就 B

❶ **假如** A，**就** B : 만약 A라면 B이다.

- 假如你明天有时间，就陪我去逛逛街。
  만약 네가 내일 시간이 있다면 나 데리고 거리 구경 좀 가 줘.
- 假如我能休息一年，就要游览全世界。
  만약 내가 일년 동안 쉴 수 있다면 전 세계를 여행할 거야.

❷ **倘若** A, **就** B : '만약 A라면 B이다'라는 의미를 나타내며, 주로 서면어에서 사용된다.

- 倘若没有政府的支持，这个项目就不会顺利地结束。
  만약 정부의 지지가 없다면 이 프로젝트는 순조롭게 끝나지 못할 것이다.
- 倘若今天没有下大雨，我们学校就会举行一场球赛。
  만약 오늘 비가 많이 내리지 않았다면 우리 학교는 축구시합을 했을 거야.

Play Point 3 ① 没有 A，就不/没有 B / ② A，否则 B

❶ **没有** A，**就不/没有** B : A가 없다면 B도 없다.

- 没有老师的批评，就不能向前发展。
  선생님의 질책이 없으면 앞으로 발전하지 못한다.
- 没有大家的努力，就没有今天的成绩。
  여러분의 노력이 없었다면 오늘의 성적도 없다.

❷ A，**否则** B : '그렇지 않으면 B이다'라는 의미를 나타낸다. **'否则'**는 뒷 절의 맨 앞에 오며, 앞 절에서 실현되지 않으면 발생하게 될 결과를 나타낸다.

- 小孩子不应该偏食，否则就可能营养不良。
  아이는 편식하면 안 된다. 그렇지 않으면 영양이 결핍될 수 있다.
- 别给自己太多压力，否则健康会出现问题。
  자신에게 과한 스트레스를 주지 마라. 그렇지 않으면 건강에 문제가 생긴다.

Play Point 4 ① 幸亏 A，不然 B / ② 万一 A，就 B

❶ **幸亏** A，**不然** B : 'A해서 다행이지 그렇지 않았으면 B할 뻔하다'라는 의미를 나타낸다. '**幸亏**'는 주어 앞에 주로 사용된다.

- 幸亏你提醒我，不然我就来不了了。
  네가 알려줘서 다행이지 안 그랬으면 나는 못 왔어.
- 幸亏发现及时，不然就发生火灾了。
  제때 발견해서 다행이지 안 그랬으면 화재가 발생했을 거야.

❷ **万一** A，**就** B : '만일 A하면 B한다'라는 의미로, '만에 하나'의 가정 상황을 나타낸다.

- 做事不能粗心，万一出了事，就会让你后悔莫及。
  일을 대충 하면 안 돼. 만일 사고가 나게 되면 후회막급일 거야.
- 你要节约用钱，万一生了病，就会很难维持生活。
  용돈을 아껴 써야지. 만일 병이 나게 되면 생활을 유지하기 힘들어져.

Dialogue 拿下比赛

» '**拿**'는 '획득하다, 얻어 내다'의 의미로, '**下**'와 결합하여 '차지했다'라는 결과 의미를 더 강조한다. '**拿下比赛**'는 '우승을 차지했다'라는 의미가 된다.

- 拿下比赛多亏了队员们的配合，没有大家的努力，就没有今天的胜利。
  시합 우승은 대원들이 협력해 준 덕이지. 모두의 노력이 없었다면 오늘의 승리도 없어.
- 我国的足球队这次拿下世界杯赛冠军了。
  우리나라의 축구팀이 이번 월드컵에서 우승을 차지했다.

Reading 목적을 나타내는 동사 '来'

» 목적을 나타내는 동사 '**来**'는 동사구 또는 개사구와 동사(구) 사이에 쓰여서, '**来**'의 앞부분은 방법, 방향, 태도를 나타내고, 뒷부분은 그 목적을 나타낸다.

- 从此，每年端午节就有了赛龙舟、吃粽子的风俗，来纪念爱国诗人屈原。
  이때부터 매년 단오절에는 용선 경주와 쫑즈 먹기 풍습이 있게 되었고, 이로써 애국 시인 굴원을 기념한다.
- 你到底要用什么方法来说服他呢？
  당신은 대체 무슨 방법으로 그를 설득하려 합니까?

Review & Writing 이번 챕터의 회화를 들으며 직접 문장을 써 보세요. 07-07

A 今年端午节的龙舟比赛我们队拿了冠军。 올해 단오절 용선 경기는 우리 팀이 우승했어.

B 你是队长吧？不错嘛。这次比赛正好证明了你的带队能力！
네가 조장이지? 대단하네. 이번 시합에서 너의 리더십을 증명했구나!

A 拿下比赛多亏了队员们的配合，没有大家的努力，就没有今天的胜利。
시합 우승은 대원들이 협력해 준 덕이지. 모두의 노력이 없었다면 오늘의 승리도 없어.

B 听说这次赛龙舟人山人海，场面惊心动魄。
이번 용선 경기는 인산인해에 손에 땀을 쥐게 했다고 하던데.

A 是啊。要是你们也能参加，会让比赛变得更精彩。
맞아. 너희들도 참가했다면 시합이 더 흥미진진했을 거야.

B 幸亏我们没参加，不然你们就赢不了了。
우리가 참가 안 했으니 다행이지. 그렇지 않으면 너희들 못 이겼어.

A 你真会开玩笑。明年来挑战我们吧。 농담도 잘하네. 내년에 우리한테 도전해.

B 好啊。那我们好好庆祝一下，今晚我给你个请客的机会。
좋아. 그럼 우리 제대로 축하 좀 하자. 오늘 저녁 너에게 한턱 낼 기회를 줄게.

Exercise 다음 듣기와 독해 문제를 풀어 보세요.

1. 녹음을 듣고 주어진 문장과 내용이 일치하면 ✓, 일치하지 않으면 ✕를 표시하세요. 07-08

보기
我想去办个信用卡，今天下午你有时间吗？陪我去一趟银行？
★ 他打算下午去银行。 (✓)

❶ 这次比赛我没有获得冠军。 (   )

❷ 他已经原谅你了。 (   )

❸ 电视还没修好。 (   )

❹ 他们没赶上飞机。 (   )

2. 두 사람의 대화를 잘 듣고 질문에 알맞은 답을 골라 빈칸에 쓰세요. 07-09

❶ (   )

A 上班　　B 下班
C 去超市　　D 做晚饭

❷ (   )

A 男的找到工作了　　B 女的找到工作了
C 男的毕业了　　D 女的当翻译了

❸ (   )

A 两个人要去学英语　　B 男的暑假没什么计划
C 女的也准备英语考试　　D 补习班一周去两次

3. 아래 주어진 세 문장을 알맞은 순서로 나열하고 순서를 쓰세요.

보기		
A	可是今天起晚了	
B	平时我骑自行车上下班	B A C
C	所以我就打车来公司	

❶ A 如果坚持不了运动
B 想减肥就一定要坚持运动 ____________
C 就不会有效果

❷ A 你做事一定要细心
B 就要自己负责 ____________
C 万一发生了什么问题

❸ A 但是发展经济的同时
B 也不能忘了保护环境 ____________
C 发展经济虽然很重要

❹ A 要不是一个电话把我吵醒
B 我从四点钟一直睡到现在 ____________
C 还真能这样睡下去

4. 아래 주어진 그림과 키워드를 참고하여 문장을 만들어 보세요.(40자 내외)

키워드 满足 / 健康 / 压力 / 松 / 锻炼

____

____

____

5. 아래 문장을 읽고, 빈칸에 들어갈 알맞은 어구를 골라 답을 쓰세요.

屈原是一位伟大的政治家和爱国诗人。但楚王不相信他，把他（ ❶ ）到很远的地方。屈原担心（ ❷ ）秦国攻打楚国，后果会很严重。后来秦国（ ❸ ）打败了楚国。屈原十分绝望，（ ❹ ）农历五月初五跳江自杀了。楚国的百姓非常伤心，大家都用不同的方式来祭拜屈原。有的人划着龙舟赶往屈原跳江的地方，有的人把粽子扔（ ❺ ）江里，大家都希望用这种方式赶走鱼虾，（ ❻ ）鱼虾咬坏屈原的身体。（ ❼ ），每年端午节就有了赛龙舟、吃粽子的风俗，来纪念爱国诗人屈原。

❶ （　　）

A 派　　B 去　　C 请　　D 打

❷ （　　）

A 否则　　B 万一　　C 没有　　D 因此

❸ （　　）

A 就是　　B 于是　　C 而是　　D 还是

❹ （　　）

A 就是　　B 可是　　C 而是　　D 于是

❺ （　　）

A 出　　B 进　　C 去　　D 来

❻ （　　）

A 不让　　B 让　　C 不把　　D 把

❼ （　　）

A 从来　　B 从今　　C 从此　　D 从

Chapter 08

这条街连一个人影也没有。

G Grammar 학습내용

Play Point 1	连A也/都B
Play Point 2	① A就更不用说了 / ② 就更别提A了
Play Point 3	甚至
Play Point 4	不但A，反而B
Dialogue	说到做到
Reading	了不起

New Word

08-00

o Play Point 1

连	lián	개 ~조차도, ~마저도
人影	rényǐng	명 사람의 그림자
小区	xiǎoqū	명 주택 단지
便利店	biànlìdiàn	명 편의점
卫生纸	wèishēngzhǐ	명 화장지

o Play Point 2

轻	qīng	형 가볍다
德语	Déyǔ	명 독일어
法语	Fǎyǔ	명 프랑스어
国语	Guóyǔ	명 국어
外语	wàiyǔ	명 외국어

o Play Point 3

甚至	shènzhì	접 더욱이, 심지어
实际	shíjì	형 실제적이다, 구체적이다
熟悉	shúxī	동 숙지하다, 익히 알다
习惯	xíguàn	명 습관
口味	kǒuwèi	명 입맛
对方	duìfāng	명 상대방, 상대편

o Play Point 4

臭豆腐	chòudòufu	명 취두부
不但	búdàn	접 ~뿐만 아니라
臭	chòu	형 구리다
反而	fǎn'ér	부 오히려, 도리어
减轻	jiǎnqīng	동 경감하다, 덜다
奖金	jiǎngjīn	명 상금, 장려금
增加	zēngjiā	동 증가하다, 더하다, 늘리다
欠	qiàn	동 빚지다

Dialogue

刷	shuā	동 (SNS 소식, 웹툰 등을) 몰아서 보다
朋友圈	Péngyouquān	Wechat(微信)에서 만든 SNS [Wechat에 글과 사진을 올리는 곳으로 한국의 '카카오스토리'와 가장 유사함]
淘宝	Táobǎo	명 타오바오 [중국 최대 인터넷 쇼핑몰]
网店	wǎngdiàn	명 인터넷 상점, 온라인 쇼핑몰
疲劳	píláo	형 지치다, 피곤하다
颈椎	jǐngzhuī	명 경추, 목등뼈
控制	kòngzhì	동 통제하다, 컨트롤하다
多彩	duōcǎi	형 다채롭다
动向	dòngxiàng	명 동향
眼花缭乱	yǎnhuā liáoluàn	눈이 어지럽다, 눈부시다
困	kùn	동 가두어 놓다
井底之蛙	jǐngdǐzhīwā	성어 우물 안 개구리
劝	quàn	동 권하다
赶快	gǎnkuài	부 빨리, 얼른

Reading

井	jǐng	명 우물
底	dǐ	명 밑, 바닥
口	kǒu	양 (우물·종(鐘)·관(棺)·독 따위의) 아가리가 있는 물건을 세는 단위
青蛙	qīngwā	명 개구리
海	hǎi	명 바다
乌龟	wūguī	명 거북이
路过	lùguò	동 경유하다
边	biān	명 가장자리
闷	mèn	형 답답하다, 갑갑하다
主人	zhǔrén	명 주인
伸	shēn	동 (신체나 물체의 일부분을) 펴다, 내밀다
脖子	bózi	명 목

感叹	gǎntàn	동 감탄하다, 탄식하다
根本	gēnběn	부 아예, 전혀, 도무지
噘	juē	동 (입술을 뾰족하게) 내밀다
嘴	zuǐ	명 입, 주둥이
了不起	liǎobuqǐ	형 뛰어나다, 굉장하다
耐心	nàixīn	형 인내심이 강하다, 끈기 있다
里	lǐ	양 리 [옛날, 길이를 재는 단위]
尺	chǐ	양 척 [옛날, 길이를 재는 단위]
发	fā	동 생기다, 발생하다
洪水	hóngshuǐ	명 홍수
干旱	gānhàn	형 (날이) 가물다
真正	zhēnzhèng	형 진정한, 참된

Play Point 1 连 A 也/都 B

» 개사 '**连**'은 뒤에 '**也/都**' 등과 호응하여 강조를 나타낸다. '**连**' 뒤의 빈어 자리에는 강조하고자 하는 내용이 온다.

구조	(주어 +) 连 + 빈어 + 也/都 + 동사서술어구。

- 这个小区连便利店也没有。 이 동네에는 편의점도 없어요.
- 这家店连服务员都是中国人。 이 가게는 종업원까지 다 중국인이다.
- 你怎么连一个电话也不打? 너는 어떻게 전화 한 통도 안 하니?

Play Point 2 ① A 就更不用说了 / ② 就更别提 A 了

» 'A **就更不用说了** / **就更别提** A **了**'는 'A는 더 말할 것도 없다'라는 의미를 나타내는 관용표현으로 강조를 나타낸다.

❶ A 就更不用说了

- 你们都没有办法，我们就更不用说了。
  당신들도 방법이 없는데 우리는 더 말할 것도 없다.
- 轻的都不能搬走，重的就更不用说了。
  가벼운 것도 못 옮기는데 무거운 것은 더 말할 것도 없다.

❷ 就更别提 A 了

- 她连车都买不起，就更别提买房了。
  그녀는 자동차도 살 수 없는데 집을 사는 건 더 말할 것도 없다.
- 他连字都写不好，就更别提写信了。
  그는 글자도 제대로 못쓰는데 편지를 쓰는 건 더 말할 것도 없다.

Play Point 3 甚至

» '**甚至**'는 '심지어'라는 의미를 나타내는 접속사로, 열거된 마지막 항목의 앞에 놓여 정도가 가장 두드러짐을 나타낸다.

- 这条裤子可以穿两次，三次，甚至好几次。
  이 바지는 두 번, 세 번 심지어 아주 여러 번 입을 수 있다.
- 我可能需要花十块，二十块，甚至一百块。
  나는 아마도 10위안, 20위안 심지어 백 위안을 써야 할 수도 있다.

» 점층복문은 뒷 절이 앞 절보다 한층 더 강화된 의미를 가지고 있음을 나타내는데, 'A **甚至** B'와 같이 사용되어 'A뿐만 아니라 심지어 B까지도(조차도)'라는 의미를 나타낸다.

- 他们实际上还并不熟悉，甚至连一句话也没有说过。
  그들은 사실 아직 잘 모른다. 심지어 말 한마디도 한 적이 없다.
- 他们实际上就是好朋友，甚至连习惯和口味都一样。
  그들은 사실 절친한 사이다. 심지어 습관과 입맛조차 모두 같다.

Play Point 4 不但 A，反而 B

» '**不但** A，**反而** B'는 'A일 뿐만 아니라 오히려 B하다'라는 의미를 나타낸다. 앞 절이 부정문이면 뒷 절은 긍정문이 온다.

- 臭豆腐不但不臭，反而越吃越香。
  취두부는 냄새가 고약하지 않을뿐더러 오히려 먹을수록 고소하다.
- 体重不但没有减少，反而增加了。 체중이 줄기는커녕 오히려 늘었다.

Dialogue 说到做到

» '**说到做到**'는 '말한 것은 반드시 실행한다', '약속은 반드시 지킨다'라는 의미로, 다른 사람에게 약속할 때 쓰이는 자주 사용되는 표현이다.

- 那你可要说到做到啊！ 그럼 너 꼭 그렇게 하는 거다!
- 他是个说到做到的人。 그는 하자면 하는 사람이다.

Reading 了不起

» '**了不起**'는 '대단하다', '보통을 훨씬 뛰어 넘는다'라는 의미를 나타내는 형용사로, 술어로 쓰일 때 대개 부사 '**真**'이 와서 수식한다.

- 大海有什么了不起的？ 바다가 뭐 그리 대단한 건데?
- 他能说好几种外语，真了不起！ 그는 여러 개의 외국어를 할 수 있다. 정말 대단하다!

Review & Writing 이번 챕터의 회화를 들으며 직접 문장을 써 보세요. 08-07

A 周末你除了睡觉，整天就知道玩手机，连门都没出过。你都干什么呢？
주말에 너는 잠자는 것 말고는 온종일 핸드폰 하는 것밖에 모르고, 문밖에도 나가본 적이 없어. 너는 대체 뭐하는 거니?

B 我也没干什么，只是刷刷朋友圈，逛逛淘宝网店什么的。
뭐 별로 하는 것 없어. 그냥 SNS를 훑어보거나, 타오바오 인터넷쇼핑몰 같은 것을 둘러보고 있지.

A 你这样长时间看手机，不但会头疼、眼睛疲劳，甚至会得颈椎病的。
너 이렇게 오랫동안 핸드폰 보면, 머리가 아플 뿐만 아니라 눈도 피곤하고, 심지어 목 디스크까지 올 수 있어.

B 我也想控制自己不玩手机，可总是控制不住啊。
나도 스스로 핸드폰 하는 것을 자제하고 싶은데, 도무지 컨트롤이 잘 안 돼.

A 你这不但没控制住，反而更严重了吧？
(너는) 컨트롤하기는커녕 오히려 더 심해진 것 같은데?

B 通过朋友圈能看到朋友们的多彩生活和最新流行动向。看得我都眼花缭乱了。 SNS를 통해 친구들의 다채로운 생활과 최신 트렌드를 볼 수 있어. (내가) 아주 눈이 휘둥그레지도록 봤거든.

A 我看你像一只被朋友圈困住的井底之蛙。劝你赶快醒醒吧。出去看看外面的世界。
내가 보기에 너는 그저 SNS에 갇힌 우물 안 개구리 같아. 어서 정신 좀 차려라. 나가서 바깥세상을 좀 봐봐.

B 我可不要做什么井底之蛙，也不要做被朋友圈困住的人。

나는 절대로 우물 안 개구리 같은 것도 안 될 것이고, SNS에 갇힌 사람도 되지 않을 거야.

A 那你可要说到做到啊！ 그럼 너 꼭 그렇게 하는 거다!

Exercise 다음 듣기와 독해 문제를 풀어 보세요.

1. 녹음을 듣고 주어진 문장과 내용이 일치하면 ✓, 일치하지 않으면 ✕를 표시하세요. 08-08

보기	我想去办个信用卡，今天下午你有时间吗？陪我去一趟银行？ ★ 他打算下午去银行。 (✓)

❶ 小区里还没有咖啡店。 (　　)

❷ 大多数年轻人买得起房子。 (　　)

❸ 为了给好朋友买礼物，我可以花五六百块钱。 (　　)

❹ 网店的东西总是比商场便宜。 (　　)

2. 두 사람의 대화를 잘 듣고 질문에 알맞은 답을 골라 빈칸에 쓰세요. 08-09

❶ (　　)

A 他家装修得不豪华　　B 他的意见重要
C 他爱人的意见重要　　D 他看得眼花缭乱了

❷ (　　)

A 下星期不见客户　　B 总经理下星期回来
C 等总经理的决定　　D 想开网络会议

❸ (　　)

A 不想减肥　　B 想减肥
C 想锻炼身体　　D 想锻炼耐心

3. 아래 주어진 세 문장을 알맞은 순서로 나열하고 순서를 쓰세요.

보기
A 可是今天起晚了
B 平时我骑自行车上下班
C 所以我就打车来公司

B A C

❶ A 你这样长时间看手机
B 甚至会得颈椎病的
C 不但会头疼、眼睛疲劳

❷ A 感冒不但没有减轻
B 反而越来越严重了
C 我都吃了好几天的感冒药了

❸ A 这个小区刚建好不久
B 别说超市了
C 连便利店也没有

❹ A 看得我都眼花缭乱了
B 周末除了睡觉就是玩手机
C 用手机刷刷朋友圈，逛逛淘宝网店什么的

4. 아래 주어진 그림과 키워드를 참고하여 문장을 만들어 보세요.(40자 내외)

키워드 周末 / 手机 / 刷 / 朋友圈 / 网店

5. 아래 문장을 읽고, 빈칸에 들어갈 알맞은 어구를 골라 답을 쓰세요.

一口井里住着一只青蛙。它一直住在井里，从来没出过井，(❶)知道外面的世界了。有一天，一只从大海来的乌龟路过井边，看见井底的青蛙，就问："你整天在这么小的地方呆着，(❷)吗？"青蛙回答说："不会。我是这口井的主人，这是一件(❸)幸福的事啊！"乌龟伸长了脖子，(❹)井里到底有多大，感叹道："天啊！你这里太小了，根本(❺)和大海相比。"青蛙噘着嘴说："大海(❻)？"乌龟耐心地跟青蛙解释："大海比一千里更长，比一千尺还深。发洪水的时候，看不到海水在涨高；干旱不下雨的时候，海水也不会变少。住在大海里才叫真正的幸福。"青蛙听了乌龟的话，吃惊地呆在那里，再(❼)了。

❶ (　　　)

A 更不说　　B 不用说　　C 更不用　　D 更不用说

❷ (　　　)

A 不闷　　B 没闷　　C 很闷　　D 闷

❸ (　　　)

A 多亏　　B 多么　　C 真　　D 太

❹ (　　　)

A 见了见　　B 看见了　　C 看了看　　D 看看了

❺ (　　　)

A 不要　　B 不会　　C 不想　　D 不能

❻ (　　　)

A 有什么了不起的　　B 有什么对不起的

C 有了不起的　　D 没什么了不起的

❼ (　　　)

A 没有什么　　B 没有话可说　　C 没有话　　D 有话可说

Chapter 09

不管过程多么辛苦，我都要坚持下去。

G Grammar 학습내용

Play Point 1 ① 不管A，都B / ② 无论A，也(都)B

Play Point 2 ① 除非A，不然B / ② 除非A，否则B

Play Point 3 只要A，就B

Play Point 4 除了A，也/还B

Dialogue 부사 '还'

Reading '后来'와 '以后'

New Word 09-00

Play Point 1

不管	bùguǎn	접 ~을 막론하고
过程	guòchéng	명 과정
厉害	lìhai	형 사납다, 매섭다, 지독하다
无论	wúlùn	접 ~에도 불구하고
说明	shuōmíng	동 설명하다, 해설하다
赞同	zàntóng	동 찬성하다, 동의하다

Play Point 2

除非	chúfēi	접 ~해야만 비로소
能够	nénggòu	능원 ~할 수 있다
说服	shuōfú	동 설득하다
来不及	láibují	동 미치지 못하다, 따라 잡을 수 없다
立刻	lìkè	부 즉시, 곧, 당장
选择	xuǎnzé	동 선택하다

Play Point 3

只要	zhǐyào	접 ~하기만 하면
气	qì	명 공기
放	fàng	동 (일정 기간 동안 학교나 직장이) 쉬다
暑假	shǔjià	명 여름 방학
孩子	háizi	명 아이
捣乱	dǎoluàn	동 어지럽히다, 소란을 피우다

Play Point 4

除了	chúle	개 ~이외에 또
以外	yǐwài	명 이외 [정해진 시간, 장소, 수량, 범위 이외의 것을 가리킴]
其他	qítā	대 기타, 그외 다른(것)
收入	shōurù	명 수입, 소득
享受	xiǎngshòu	동 즐기다, 누리다

Dialogue

诱人	yòurén	형 매력적이다, 매혹적이다
情人节	Qíngrén Jié	명 밸런타인데이
传统	chuántǒng	형 전통적이다
七夕	Qīxī	명 칠석
节	jié	명 명절
传说	chuánshuō	동 전하는 바에 따르면 ~라고 하다
牛郎织女	niúláng zhīnǚ	고유 견우와 직녀
相	xiāng	부 서로, 함께
会	huì	동 만나다
日子	rìzi	명 날, 날짜
哦	ò	감 아~!, 오~! [이해, 깨달음 등의 의미를 나타냄]
如此	rúcǐ	대 이와 같다, 이러하다
今年	jīnnián	명 금년, 올해

Reading

天上	tiānshàng	명 하늘
织女	zhīnǚ	고유 직녀, 인명
凡间	fánjiān	명 인간 세상
牛郎	niúláng	고유 견우, 인명
嫁	jià	동 시집가다
家人	jiārén	명 일가, 집안 식구
偷偷	tōutōu	부 몰래
下凡	xiàfán	동 (신선이) 인간 세상에 내려오다
想念	xiǎngniàn	동 그리워하다
祈求	qíqiú	동 간청하다
喜鹊	xǐquè	명 까치
搭	dā	동 (다리 따위를) 놓다
桥	qiáo	명 다리
鹊桥	quèqiáo	명 오작교

情景	qíngjǐng	명 장면
每	měi	대 매, 각, ~마다 모두 [전체 중 하나를 지칭, 개체간의 공통성을 강조함]
后来	hòulái	명 그 후 [과거 어떤 시간 이후의 시간을 나타냄]

» 조건복문: 앞 절은 하나의 조건을 제시하고 뒷 절은 해당 조건 하에서 발생할 결과를 나타낸다.

Play Point 1 ① 不管 A，都 B / ② 无论 A，也(都) B

❶ **不管** A，**都要** B : 아무리 A해도 B할 것이다.

- 不管过程多么辛苦，我都要坚持下去。 과정이 아무리 힘들어도 나는 견뎌 나갈 것이다.
- 不管感冒多么厉害，我都要参加活动。
  감기가 아무리 지독해도 나는 활동에 참가할 것이다.

❷ **无论** A，**也** B : A하더라도(A하든 안 하든) B할 것이다.

- 无论他怎么解释，也得不到大家的原谅。
  그가 어떻게 변명하더라도 모두의 용서를 받을 수 없다.
- 无论我同意不同意，他都会这样做。 내가 동의하든 안 하든 그는 이렇게 할 것이다.

Play Point 2 ① 除非 A，不然 B / ② 除非 A，否则 B

❶ **除非** A，**不然** B : A해야지 그렇지 않으면 B할 것이다.

- 除非你能够说服老板，不然他是不会同意的。
  네가 사장님을 충분히 설득해야지, 그렇지 않으면 그는 동의하지 않을 거야.
- 除非你答应我的要求，不然我是不会帮忙的。
  네가 나의 요구를 들어줘야지, 그렇지 않으면 난 (너를) 도와 줄 수 없을 거야.

❷ **除非** A，**否则** B : A해야지, 그렇지 않으면 B할 것이다.

- 除非你马上就做好计划，否则就来不及了。
  너는 바로 계획을 다 짜야지, 그렇지 않으면(아니면) 늦을 거야.
- 除非你现在就马上出发，否则就赶不上了。
  너는 지금 즉시 출발해야지, 아니면 따라잡을 수 없을 거야.

Play Point 3 只要 A，就 B

» ‘**只要** A，**就** B’는 ‘A하기만 하면 곧 B하다’라는 의미를 나타낸다.

- 只要空气好，我们就开窗换换气。
  날씨(공기)가 좋기만 하면, 우리는 창문을 열어 환기를 한다.
- 只要你把事情说清楚，大家就会理解。
  네가 일을 똑똑히 설명하기만 하면, 모두가 이해할 것이다.

» ‘**只要**’와 ‘**就**’ 앞에 있는 주어가 서로 다를 수 있다.

- 我只要给他打电话，他就一定会接的。
  내가 그에게 전화를 하기만 하면, 그는 틀림없이 받을 것이다.
- 我只要给他发邮件，他就一定会回的。
  내가 그에게 이메일을 보내기만 하면, 그는 틀림없이 회신할 것이다.

» 기타 상용복문

Play Point 4 除了 A，也/还 B

» ‘**除了** A，**也/还** B’는 ‘A 외에 B도 하다’라는 의미를 나타내며, ‘**除了**’는 ‘**以外**’와 잘 호응하여 사용된다.

- 除了工资以外，也有其他收入。 월급 이외에 다른 수입도 있다.
- 除了杯子以外，还买了别的生活用品。 컵 이외에 다른 생활용품도 샀다.

Check!

» ‘**除了** A，B **都**’도 자주 사용하는 복문으로, 이 경우 ‘A를 제외한 B는 모두’라는 의미를 나타낸다.

- 除了你，他们都去中国。 당신을 제외하고 그들은 모두 중국에 간다.
- 除了咖啡，别的都可以喝。 커피를 제외하고 다른 건 다 마실 수 있다.

Dialogue 부사 '还'

» '**还**'는 '예상외로, 뜻밖이다'라는 의미를 나타내는데, 감탄의 어기를 띠며, 부사 '**真**'과 함께 자주 사용된다.

- 这个我还真不知道。 (이건 내가) 정말 몰랐는데.
- 这么难的题，他还真做出来了。 이렇게 어려운 문제를 그가 정말 풀었네요.

Reading '后来'와 '以后'

» '**后来**'와 '**以后**'는 모두 '후에', '이후'라는 의미를 가진 시간을 나타내는 명사이다. 그러나 두 어휘의 사용에는 주의해야 할 차이점이 있다. '**后来**'는 단독으로만 쓰이고 발생 전후의 시간적 거리가 있으며 과거에만 사용한다. 이에 반해 '**以后**'는 단독으로도 또는 다른 성분과도 함께 사용 가능하며 과거, 현재, 미래 시제에 관계없이 모두 사용할 수 있다.

- 王母娘娘看到这样的情景，只好允许他们在每年农历七月初七相会。后来，人们把农历七月初七定为"七夕节"。
  서왕모는 이 광경을 보고 어쩔 수 없이 그들이 매년 음력 7월 7일에 서로 만나는 것을 허락해 주었다. 후에, 사람들은 음력 7월 7일을 "칠석날"로 정하였다.
- 她去年来过一封信，后来再没来过信。
  그녀에게서 작년에 편지 한 통이 왔었는데, 그 뒤로는 다시 오지 않았다.
- 以后我还要学习日语。 이후에 나는 일본어도 공부할 것이다.
- 我们每天吃完饭以后去散步。 우리는 매일 식사 후에 산책하러 간다.

Review & Writing 이번 챕터의 회화를 들으며 직접 문장을 써 보세요. 09-07

A 哇！你看，那家便利店门口摆满了巧克力，看起来好诱人。
우와! 봐봐, 저 편의점 문 앞에 초콜릿이 가득하네. 맛있어 보여.

B 是啊。因为过几天就是情人节了，很多人都会买巧克力。我们也买一个尝尝吧。你喜欢吃哪种口味的?
그러네. 며칠 지나면 밸런타인데이라서, 많은 사람이 초콜릿을 살 거야. 우리도 하나 사서 맛보자. 너는 어떤 맛 먹는 걸 좋아해?

A 我觉得巧克力无论哪种口味，都挺好吃的。对了，你知道除了2月14日以外，中国也有传统的情人节吗?
난 초콜릿은 어떤 맛이든지 다 맛있다고 생각해. 참, 너 2월 14일 이외에도 중국에 전통적인 밸런타인데이가 있다는 거 알아?

B 这个我还真不知道。(그건 내가) 정말 모르겠는데.

A 其实，农历七月初七是中国传统的情人节，也叫“七夕节”。
사실, 음력 7월 7일이 중국의 전통 밸런타인데이로, “칠석날”이라고도 해.

B 我听说过七夕节，但没想到七夕还是中国的情人节。
난 칠석날은 들어 본 적 있는데, 칠석날이 중국의 밸런타인데이라는 건 생각지도 못했어.

A 传说农历七月初七是牛郎织女一年一次相会的日子，所以人们把这一天定为情人节。
전설에 따르면, 음력 7월 7일이 견우직녀가 1년에 한 번 만나는 날이라서 사람들이 이 날을 밸런타인데이로 정했어.

B 哦，原来如此。那今年不管多忙，我都要过一下中国的情人节。
아, 그렇구나. 그럼 올해는 아무리 바빠도 꼭 중국의 밸런타인데이를 경험해 봐야겠어.

Exercise 다음 듣기와 독해 문제를 풀어 보세요.

1. 녹음을 듣고 주어진 문장과 내용이 일치하면 ✓, 일치하지 않으면 ✕를 표시하세요. 09-08

보기
我想去办个信用卡，今天下午你有时间吗？陪我去一趟银行？
★ 他打算下午去银行。 (✓)

❶ 我不参加明天的活动。 (   )

❷ 你说服老板我也不同意。 (   )

❸ 除了努力工作以外，也要享受生活。 (   )

❹ 只要放暑假，我就去中国旅游。 (   )

2. 두 사람의 대화를 잘 듣고 질문에 알맞은 답을 골라 빈칸에 쓰세요. 09-09

❶ (   )

A 坚持去美国　　B 需要爸爸的同意
C 不打算去美国　　D 向爸爸要学费

❷ (   )

A 应该好好地休息　　B 可以做两份工作
C 不应该晚上打工　　D 不应该有别的收入

❸ (   )

A 经理可能同意　　B 明天再做可以
C 下周做就可以　　D 今天得做出来

3. 아래 주어진 세 문장을 알맞은 순서로 나열하고 순서를 쓰세요.

보기		
A 可是今天起晚了		
B 平时我骑自行车上下班		B A C
C 所以我就打车来公司		

❶ A 他已经解释很多次了

B 都得不到大家的原谅 ______

C 可是无论他怎么解释

❷ A 还买了很多学习用品

B 除了买一些书以外 ______

C 今天我去书店了

❸ A 这件事他最清楚了

B 我只要打电话问他 ______

C 他一定会告诉我的

❹ A 我们也买一个尝尝吧

B 过几天就是情人节了 ______

C 很多人会买巧克力

4. 아래 주어진 그림과 키워드를 참고하여 문장을 만들어 보세요.(40자 내외)

키워드 除了 / 也 / 传统情人节 / 农历 / 定为

______

______

______

5. 아래 문장을 읽고, 빈칸에 들어갈 알맞은 어구를 골라 답을 쓰세요.

很久以前，天上的织女下到凡间，喜欢上了善良的牛郎。于是织女（ ❶ ）了牛郎，生了两个孩子，一家人生活得很幸福。织女（ ❷ ）下凡的事，被玉帝知道了，他非常生气，派人（ ❸ ）织女带回了天上。织女走后，牛郎和两个孩子都非常想念她。牛郎带着两个孩子祈求玉帝，可是不管怎么祈求，玉帝（ ❹ ）不同意他们见面。他们的爱情感动了喜鹊，许许多多的喜鹊飞了过来，（ ❺ ）一座桥。这样，牛郎和织女终于在鹊桥上相会了。王母娘娘看到这样的情景，只好允许他们在（ ❻ ）年农历七月初七相会。后来，人们把农历七月初七（ ❼ ）“七夕节”。

❶ (　　　)

A 嫁给　B 嫁来　C 嫁去　D 嫁上

❷ (　　　)

A 慢慢　B 偷偷　C 狠狠　D 快快

❸ (　　　)

A 让　B 被　C 给　D 把

❹ (　　　)

A 会　B 才　C 也　D 就

❺ (　　　)

A 搭成　B 搭去　C 做来　D 做去

❻ (　　　)

A 今　B 明　C 每　D 后

❼ (　　　)

A 定了　B 写为　C 作为　D 定为

Chapter 10

尽管这是一首老歌，可是我们都爱听。

G Grammar 학습내용

Play Point 1	尽管A，可是B
Play Point 2	① 尽管A，可B / ② 尽管A，然而B
Play Point 3	① 由于A，因此B / ② 개사 '由于'
Play Point 4	① 之所以A，是因为B / ② A，是因为B
Dialogue	관용표현 '拿…没办法'
Reading	'一' + 동사

New Word 10-00

o Play Point 1

尽管	jǐnguǎn	접 비록 ~라 하더라도
破旧	pòjiù	형 낡다, 오래되어 허름하다
功能	gōngnéng	명 기능, 작용, 효능
合格	hégé	동 합격하다

o Play Point 2

训练	xùnliàn	동 훈련하다
稳定	wěndìng	형 안정적이다, 변동이 없다
乐观	lèguān	형 낙관적이다
困难	kùnnan	형 곤란하다, 어렵다
阳光	yángguāng	형 밝고 긍정적이다
然而	rán'ér	접 그렇지만, 그러나, 그런데
改变	gǎibiàn	명 변화
放弃	fàngqì	동 포기하다, 버리다

o Play Point 3

由于	yóuyú	접 ~때문에, ~로 인하여
熬夜	áoyè	동 밤을 새다
因此	yīncǐ	접 그래서, 그러므로, 이 때문에
憔悴	qiáocuì	형 (얼굴 따위가) 초췌하다, 수척하다, 파리하다
名牌	míngpái	명 유명 상표
刻苦	kèkǔ	형 고생스럽다
测试	cèshì	명 테스트, 시험
此	cǐ	대 이, 이 때, 이 곳
原因	yuányīn	명 이유, 원인
失职	shīzhí	명 직무상의 과실
造成	zàochéng	동 발생시키다, 야기하다, 초래하다
损失	sǔnshī	명 손실, 손해

Play Point 4

之所以	zhīsuǒyǐ	접 ~의 이유, ~한 까닭
关心	guānxīn	동 관심을 갖다, 관심을 기울이다
信心	xìnxīn	명 자신, 확신, 믿음

Dialogue

班车	bānchē	명 셔틀버스
这样	zhèyàng	대 이렇다, 이와 같다, 이렇게
行为	xíngwéi	명 행위
拔苗助长	bámiáo zhùzhǎng	성 발묘조장, 급하게 일을 서두르다 오히려 그르치다
急于 (…求成)	jíyú (…qiú chéng)	동 서둘러 ~하려고 하다, 목적을 달성하기에 급급하다
求	qiú	동 추구하다, 구하다, 찾다
禾苗	hémiáo	명 볏모
枯	kū	형 (꽃·잎 따위가) 시들다
农夫	nóngfū	명 농부
强行	qiángxíng	동 강행하다
拔	bá	동 뽑다, 빼다
着急	zháojí	형 조급해하다, 초조해 하다
哎	āi	감 아이, 아이고
拿	ná	개 ~을(를) [관련대상을 이끌어 냄]
办法	bànfǎ	명 방법, 수단, 방식, 조치
改天	gǎitiān	명 딴 날, 나중

Reading

从前	cóngqián	명 이전
田	tián	명 밭, 논
种	zhòng	동 심다
片	piàn	양 뙈기, 판 [차지한 면적 또는 범위를 세는 단위]
变化	biànhuà	명 변화

截	jié	양 토막, 마디, 일부분, 구간
全都	quándōu	부 모두, 전부
庄稼	zhuāngjia	명 농작물
颗粒	kēlì	명 (양식의) 낟알
无	wú	동 없다
收	shōu	동 수확하다, 가을걷이하다

» 전환복문: 앞 절에서 하나의 사실을 말하고, 뒷 절에서는 이와 상반된 내용을 말한다.

Play Point 1 尽管A，可是B

» '**尽管**A，**可是**B'는 '비록 A이지만 그러나 B이다'라는 의미를 나타낸다. '**尽管**'이 나타내는 어기는 '**虽然**'보다 대체로 약간 무겁다.

- 尽管这是一首老歌，可是我们都爱听。
  비록 이것은 오래된 노래지만, 우리는 모두 듣기 좋아한다.
- 尽管自行车很破旧，可是功能并不差。
  비록 자전거가 오래되어 낡았지만, 기능은 결코 떨어지지 않는다.

» 접속사 '**尽管**'은 접속사 '**可是**' 및 부사 '**还是**'와 결합하여 사용할 수 있는데, 이런 경우 주어는 '**可是**'와 '**还是**' 사이에 온다.

- 尽管我走得特别快，可是我还是迟到了。
  비록 나는 유독 빨리 걸었지만, 그래도 또 지각했다.
- 尽管他准备得很好，可是他还是没合格。
  비록 그는 준비를 잘했지만, 그래도 또 합격하지 못했다.

Check!

» '**尽管**'은 접속사 이외에 부사의 기능도 있다. 부사로 쓰일 경우 '얼마든지', '마음 놓고'라는 의미로, 다른 상황을 고려할 필요가 없거나 구속 받지 않고 어떤 일을 하는 것을 나타낼 때 사용된다.

- 你有什么话，尽管说。 (너) 할 말 있으면 마음 놓고 (다) 해.
- 你尽管选，这里什么款式都有。
  (너) 얼마든지 골라, 여기에 무슨 스타일이건 다 있으니.

Play Point 2 ① 尽管 A，可 B / ② 尽管 A，然而 B

❶ **尽管** A，**可** B : '비록 A하지만 B한다'라는 의미를 나타낸다. 접속사 '**尽管**'이 접속사 '**可**' 및 부사 '**还是**'와 결합하여 사용되는 경우, 주어는 '**可**'와 '**还是**' 사이에 온다.

- 尽管身体不舒服，可他还是坚持训练。
  비록 몸이 편치 않지만, 그는 여전히 훈련을 계속 했다.
- 尽管工作不稳定，可他还是非常乐观。
  비록 일은 안정적이지 않지만, 그는 여전히 매우 낙관적이다.

❷ **尽管** A，**然而** B : '비록 A하지만 B한다'라는 의미를 나타낸다. 접속사 '**尽管**'이 접속사 '**然而**' 및 부사 '**还是**'와 결합하여 사용되는 경우, 주어는 '**然而**'과 '**还是**' 사이에 온다.

- 尽管我已经告诉他好多次了，然而他还是没有改变。
  비록 내가 이미 그에게 여러 번 말했으나, 그는 여전히 변화가 없다.
- 尽管我已经拒绝他很多次了，然而他还是没有放弃。
  비록 나는 이미 그를 여러 번 거절했지만, 그는 여전히 포기하지 않았다.

» 인과복문: 앞 절에서 원인을 나타내고 뒷 절에서는 그로 인한 결과를 나타낸다.

Play Point 3 ① 由于 A，因此 B / ② 개사 '由于'

❶ **由于** A，**因此** B : A하기 때문에 B한다.

- 由于最近经常熬夜，因此他看起来很憔悴。
  요즘 자주 밤을 새워서 그는 아주 초췌해 보인다.
- 由于他训练很刻苦，因此通过了这次测试。
  그는 매우 열심히 훈련해 이번 테스트를 통과했다.

❷ 개사 **'由于'** : 접속사 이외에 개사의 기능도 담당한다. '~때문에', '~로 인하여'라는 의미를 나타내며 일반적으로 문두에 위치하여 원인 또는 이유를 나타낸다.

- 由于时间关系，今天就到此结束。 시간 관계로 오늘은 이것으로 마치겠습니다.
- 由于身体原因，今天想请假休息。 건강상의 이유로 오늘은 휴가를 내어 쉬고 싶다.

Play Point 4 ① 之所以 A，是因为 B / ② A，是因为 B

❶ **之所以** A，**是因为** B : 'A한 까닭은(이유는) B하기 때문이다'라는 의미를 나타낸다. 인과복문은 일반적으로 앞 절에서 원인을 설명하고 뒷 절에서 결과를 나타내지만, 원인을 강조하기 위해 이를 뒷 절에 두는 경우가 있다. 즉 여기서 앞 절은 결과를 나타내고 뒷 절은 원인을 나타낸다.

- 我之所以坚持打球，是因为可以锻炼身体。
  내가 꾸준히 공을 치는 이유는 신체를 단련할 수 있기 때문이다.
- 我之所以喜欢唱歌，是因为可以放松心情。
  내가 노래 부르는 것을 좋아하는 이유는 마음을 편히 할 수 있기 때문이다.

❷ A，**是因为** B : 'A한 까닭은(이유는) B하기 때문이다'라는 의미를 나타낸다. 이 형식 역시 원인을 강조하기 위해 뒷 절에서 원인을 나타낸다.

- 我生你的气，是因为你对我不够关心。
  내가 너에게 화난 이유는 네가 나한테 관심이 없기 때문이다.
- 我不去约会，是因为我突然有了急事。
  내가 데이트하러 가지 않는 이유는 갑자기 급한 일이 생겼기 때문이다.

Dialogue 관용표현 '拿…没办法'

» '~에게 방법이 없다', '~에게 두 손을 다 들었다', '~는 못 말려'의 의미를 나타내는 관용표현으로 '**拿**'와 '**没办法**'사이에는 사람이 온다. 여기에서 '**拿**'는 개사로 관련된 대상 또는 처치할 대상을 이끌어낸다.

- 哎，真拿你没办法。 아이고, 정말 (너는) 못 말려.
- 他怎么也不肯来，我也拿他没办法。
  그는 어떻게 해도 오려고 하지 않아, 나도 그에게 두 손을 다 들었다.

Reading '一' + 동사

» '一' + 동사는 '~해 보니'의 의미로, 짧은 동작을 통해 어떤 결과나 결론을 얻음을 나타낸다.

- 农夫的儿子跑到田里一看，发现禾苗全都枯死了。
  농부의 아들이 밭에 달려가 보니, 볏모는 모두 시들어 죽어 있었다.
- 我一想，练练瑜伽也不错。 내가 생각해 보니 요가를 좀 해 보는 것도 괜찮아.

Review & Writing 이번 챕터의 회화를 들으며 직접 문장을 써 보세요. 10-07

A 快到六点了，咱们收拾收拾准备下班吧。 곧 여섯 시야. 우리 정리 좀 하고 퇴근할 준비 하자.

B 嗯。今天不能跟你一起坐班车了。我要去给孩子报个补习班。
응. 오늘은 너랑 같이 셔틀버스 못 타겠다. (나는) 아이에게 학원 등록해주러 가야 해.

A 你家孩子那么小，还报什么补习班啊？ 너희 집 아이가 그렇게 어린데, 무슨 학원을 등록한다는 거야?

B 不小了，明年就该上学了。我想让孩子在上学之前多学点儿东西。
어리지 않아. 내년이면 학교 들어가. 나는 아이가 학교 가기 전에 좀 많은 것을 배우게 하 고 싶어.

A 你这样的行为就是"拔苗助长"。做什么事都不能急于求成。禾苗之所以枯死，不就是因为农夫强行把禾苗拔高了吗？ 너의 이런 행위가 바로 '발묘조장'이야. 무슨 일을 하든지 급하게 목적을 달성하고자 하면 안 돼. 볏모가 시들어 죽은 이유는 농부가 강제로 볏모를 뽑아 올렸기 때문이잖아.

B 尽管我知道"拔苗助长"的这种教育方式不合理，可是一看到别人家的孩子报各种补习班，我心里就着急啊。 비록 나도 '발묘조장'의 이런 교육방식이 합리적이지 않다는 것은 알지만, 다른 집 아이들이 여러 학원을 다니는 것을 보면 마음이 초조해져.

A 哎，真拿你没办法。由于时间关系，今天就跟你聊到这儿吧。
아이고, 정말 (너는) 못 말려. 시간 관계로 오늘은 여기까지 얘기해야겠다.

B 好的，我们改天再好好聊。明天见！ 좋아, 우리 나중에 다시 잘 얘기하자. 내일 봐!

Exercise 다음 듣기와 독해 문제를 풀어 보세요.

1. 녹음을 듣고 주어진 문장과 내용이 일치하면 ✓, 일치하지 않으면 ✕를 표시하세요. 10-08

보기 我想去办个信用卡，今天下午你有时间吗？陪我去一趟银行？
★ 他打算下午去银行。 (✓)

❶ 大家都不会唱这首老歌。 (   )

❷ 这两天他身体不太舒服。 (   )

❸ 今天的讨论还没结束。 (   )

❹ 他觉得自己准备得很好。 (   )

2. 두 사람의 대화를 잘 듣고 질문에 알맞은 답을 골라 빈칸에 쓰세요. 10-09

❶ (   )

A 不想请假　B 下午能开会
C 请一天假　D 身体不舒服

❷ (   )

A 特别喜欢唱歌　B 很少去唱歌
C 刚去过练歌房　D 不喜欢唱歌

❸ (   )

A 不想拿资料　B 讨论会结束以后才来
C 拿到了资料　D 来讨论会了，可是迟到了

3. 아래 주어진 세 문장을 알맞은 순서로 나열하고 순서를 쓰세요.

보기		
A	可是今天起晚了	
B	平时我骑自行车上下班	B A C
C	所以我就打车来公司	

❶ A 是因为公司突然有急事
B 那天我没去约会 ________
C 让我马上回一趟公司

❷ A 他想了很久
B 那就是帮助禾苗长高 ________
C 终于想出了一个好办法

❸ A 我心里就着急啊
B 尽管我知道“拔苗助长”的这种教育方式不合理 ________
C 可是一看到别人家的孩子报各种补习班

❹ A 尽管我的自行车很破旧
B 可是功能并不差 ________
C 所以我不打算买新的

4. 아래 주어진 그림과 키워드를 참고하여 문장을 만들어 보세요.(40자 내외)

키워드 尽管 / 可是 / 成绩 / 进步 / 着急

____

____

____

5. 아래 문장을 읽고, 빈칸에 들어갈 알맞은 어구를 골라 답을 쓰세요.

从前，有一个农夫，他在田里种了一(❶)禾苗。(❷)过去了很多天，(❷)田里的禾苗(❸)变化也没有。农夫很着急，他想了很久，(❹)想出了一个好办法，那就是帮助禾苗长高。(❺)，他就把禾苗一棵一棵地拔了起来。看着长高的禾苗，农夫高兴极了。他回到家，跟儿子讲："今天我让田里的禾苗长高了一大截。"农夫的儿子跑到田里一看，(❻)禾苗全都枯死了。(❼)农夫的急于求成，今年他们家的庄稼颗粒无收。

❶ (　　)

A 个　B 片　C 朵　D 条

❷ (　　)

A 只要…就…　B 由于…因此…
C 尽管…可是…　D 之所以…是因为…

❸ (　　)

A 一点儿　B 有点儿　C 比较　D 十分

❹ (　　)

A 按时　B 曾经　C 经常　D 终于

❺ (　　)

A 可是　B 但是　C 于是　D 还是

❻ (　　)

A 发现　B 发生　C 发展　D 发表

❼ (　　)

A 之所以　B 由于　C 因此　D 是因为

Chapter

11

哪怕要排队，还想尝尝这家菜。

G Grammar 학습내용

Play Point 1 哪怕A，还/也B

Play Point 2 即便A，也B

Play Point 3 再A，也B / 再不A，就B

Play Point 4 就算/就是A，也B

Dialogue 부사 '都'

Reading '互不' + 동사

New Word 11-00

Play Point 1

哪怕	nǎpà	접 설령, 가령
半夜	bànyè	명 심야, 한밤중
而已	éryǐ	조 ~만, ~뿐
钟头	zhōngtóu	명 시간
减	jiǎn	동 빼다, 줄이다

Play Point 2

即便	jíbiàn	접 설사 ~하더라도
专业	zhuānyè	명 전문적인 업무, 프로
人士	rénshì	명 인사, 명망있는 사람
说	shuō	동 나무라다, 야단치다
捡	jiǎn	동 줍다

Play Point 3

刮	guā	동 (바람이) 불다
风	fēng	명 바람
电视剧	diànshìjù	명 텔레비전 드라마
时代	shídài	명 시대
开发	kāifā	동 개발하다
技术	jìshù	명 기술
落后	luòhòu	동 뒤떨어지다, 뒤쳐지다
叙旧	xùjiù	동 (친구끼리) 옛일을 이야기하다. 회포를 풀다

Play Point 4

就算	jiùsuàn	접 설령 ~라도
划算	huásuàn	형 수지가 맞다
就是	jiùshì	접 설령 ~라도
紫禁城	Zǐjìnchéng	고유 자금성
天安门	Tiān'ānmén	고유 천안문

上火	shànghuǒ	동 열이 오르다, 열받다
麻辣烫	Málàtàng	고유 마라탕

o Dialogue

等于	děngyú	동 ~와 같다
失业	shīyè	동 실업하다, 직업을 잃다
面临	miànlín	동 직면하다
年级	niánjí	명 학년
推迟	tuīchí	동 미루다, 연기하다
份	fèn	양 부 [신문·문건 따위를 세는 단위]
求职	qiúzhí	동 직업을 구하다, 일자리를 찾다
就业	jiùyè	동 취직하다, 취업하다
经验	jīngyàn	명 경험
景气	jǐngqì	형 경기가 좋다, 호황이다
四面楚歌	sìmiàn chǔgē	사면초가, 아무에게도 도움을 받지 못하는 외롭고 곤란한 지경에 빠짐
按照	ànzhào	개 ~에 근거하여, ~에 따라
凭借	píngjiè	동 근거하다, 의지하다
都 ③	dōu	부 이미, 벌써
自信	zìxìn	명 자신감
完全	wánquán	부 완전히, 전적으로

o Reading

霸王	bàwáng	명 패자, 패왕
别	bié	동 이별하다, 헤어지다
姬	Jī	고유 우희, 인명
朝	cháo	명 왕조
末年	mònián	명 말년
汉	Hàn	고유 한나라
争	zhēng	동 (무엇을 얻거나 이루기 위해) 다투다, 싸우다

项羽	Xiàng Yǔ	고유 항우, 인명
刘邦	Liú Bāng	고유 유방, 인명
侵犯	qīnfàn	동 침범하다
注意	zhùyì	동 주의하다
紧紧	jǐnjǐn	부 바짝, 꽉, 단단히
围	wéi	동 둘러싸다
手下	shǒuxià	명 수하
士兵	shìbīng	명 사병, 병사
粮食	liángshi	명 양식
四面	sìmiàn	명 사면, 동서남북 사방
军队	jūnduì	명 군대
悲痛	bēitòng	형 비통하다
斗志	dòuzhì	명 투지
虞姬	Yú Jī	고유 우희, 인명
自刎	zìwěn	동 자살하다
乌江	Wū Jiāng	명 오강(강 이름)
投降	tóuxiáng	동 투항하다
最终	zuìzhōng	명 최종, 최후
江	jiāng	명 강

Grammar

» 양보복문: 앞 절은 아직 발생하지 않은 어떤 사실에 대한 가정으로, 앞 절이 어떤 상황이건 간에 뒷 절의 결론이나 결과는 달라지지 않음을 나타낸다. 즉 앞에서 가정 사실을 인정하고 양보를 이끌어내며, 뒤에서는 양보조건 하에서 발생한 결과를 설명한다.

Play Point 1 哪怕 A，还/也 B

» '**哪怕** A，**还/也** B'는 '설령 A라 하더라도(일지라도) 역시 B이다'라는 의미를 나타낸다. '**哪怕**'는 '**即使**'와 용법이 기본적으로 같지만, 구어에서는 주로 '**哪怕**'를 쓴다.

- 哪怕很辛苦，还得走自己的路。 설령 아주 힘들더라도 자신의 길을 가야 해요.
- 我只是想瘦一点而已，哪怕减两公斤也行。
  나는 비록 2kg이라도 좋으니 그저 살을 좀 빼고 싶을 뿐이다.

Check!

» '**哪怕**'는 긴축복문 형식으로도 활용이 가능한 접속사이며, '**只是 …而已**'는 '단지 ~일뿐이다'라는 의미로, '**而已**'는 문미에서 어기를 완화해 주는 역할을 한다.

Play Point 2 即便 A，也 B

» '**即便** A，**也** B'는 '설령 A라 하더라도(일지라도) 역시 B이다'라는 의미를 나타낸다. 접속사 '**即便**'은 '**即使**'와 용법이 기본적으로 같지만, 서면어에서는 '**即便**'을 주로 쓴다.

- 即便不买东西，也可以看看。 비록 물건을 안 사더라도 보셔도 되요.
- 即便考得不好，也没有人会说你。
  비록 시험을 잘 못 봤다 하더라도 너에게 뭐라고 할 사람 없다.

Play Point 3 再A，也B / 再不A，就B

» '**再** A，**也** B'는 '아무리 A하더라도 B하다'라는 의미를 나타내는데, '**再**'는 양보의 의미를 나타내며 '**即使**'와 같은 역할을 한다.

- 房子修好了，再刮大风下大雨，也不怕了。
  집을 다 고쳤으니, 아무리 센 바람이 불고 많은 비가 오더라도 두렵지 않다.
- 我快饿死了，再不好吃的饭菜，也能吃完。
  나는 배고파 죽을 것 같아서, 아무리 맛없는 음식이라도 다 먹을 수 있어.

» '**再不** A，**就** B'는 '더 이상(다시 더) A하지 않는다면 그러면 B이다'라는 의미를 나타낸다. '**再**'가 이와 같은 의미를 나타낼 때 대체로 뒤에 부정부사가 온다.

- 时代变了，再不开发新的技术，就要落后了。
  시대가 변했으니, (더 이상) 새로운 기술을 개발하지 않으면 뒤떨어질 거예요.
- 快要走了，再不好好地叙叙旧，就没时间了。
  곧 떠날 거라, (지금 더 이상) 회포를 좀 풀지 않으면 (이젠) 시간이 없어요.

Play Point 4 就算/就是A，也B

» '**就算/就是** A，**也** B'는 '설령 A라 하더라도 B이다'라는 의미를 나타낸다. 접속사 '**就算**', '**就是**'는 '**即使**', '**即便**'과 기본적으로 용법이 같지만, 구어에서 많이 사용한다.

- 就算不划算，我也要去买。 설령 수지가 맞지 않더라도 나는 사러 갈 거야.
- 就是不去紫禁城，也得去天安门。
  설사 자금성에는 안 가더라도 천안문에는 가야 한다.

Dialogue 부사 '都'

» 부사 '**都**'는 '이미', '벌써'라는 의미로, 어기를 강조하는데, 문미에 자주 '**了**'가 온다.

- 都什么时代了？再不改变对就业市场的看法，就要落后了。
  지금이 어느 시대인데. 고용 시장에 대한 관점을 바꾸지 않는다면 뒤떨어지게 될 거야.
- 都什么时候了，还不回家！ 지금이 몇 신데, 아직도 집에 안 가!

Reading '互不' + 동사

» 부사 '**互**'는 '서로', '상호간에'란 의미로, 주로 서면어에 쓰이며, 긍정형에서는 일음절 동사만 수식하며, 부정 형식인 '**互不**' 뒤에는 이음절 동사만 올 수 있다.

- 楚汉相争时代，项羽和刘邦原来说好互不侵犯。
  초나라와 한나라가 서로 싸우는 시대에, 항우와 유방은 본래 서로 침범하지 않기로 약속했었다.
- 想做到工作和生活互不影响，是一件很难的事情。
  일과 생활이 서로 영향을 주지 않게 하는 것은 너무 힘든 일이야.

Review & Writing 이번 챕터의 회화를 들으며 직접 문장을 써 보세요. 11-07

A 现在越来越多的大学生毕业就等于失业。
지금 점점 더 많은 대학생들은 졸업이 곧 실직이나 마찬가지야.

B 是啊。即便毕业了，也很难找到满意的工作。
맞아. 설령 졸업한다 하더라도 만족스러운 일자리를 찾기 힘들어.

A 很多面临毕业的大学四年级学生都不想赶快毕业，都想推迟毕业。
많은 졸업을 앞둔 대학교 4학년 학생들이 졸업을 서두르기보다는 다 졸업을 미루려고 해.

B 没办法。他们哪怕晚点毕业，也想给自己找一份理想的工作。
어쩔 수 없지. 그들은 설사 좀 늦게 졸업하더라도 자신에게 딱 맞는 일을 찾고 싶어 하거든.

A 现在的大学生求职压力太大。没有就业经验，又面临经济不景气，往往会有种四面楚歌的感觉。
지금의 대학생은 구직 스트레스가 너무 커. 취업 경험도 없고, 또 경제 상황도 좋지 않은 이 시국에, 늘 사면초가의 느낌이 들 거야.

B 按照以前的想法，大学毕业后凭借自己的专业能力就能够找到一份好工作。
예전 생각대로라면, 대학 졸업 후에 자신의 전공 능력에 따라 바로 좋은 일자리를 찾을 수 있었는데 말이야.

A 都什么时代了？再不改变对就业市场的看法，就要落后了。
지금이 어느 시대인데. 고용 시장에 대한 관점을 바꾸지 않는다면 뒤떨어지게 될 거야.

B 我觉得大学生找工作时，最重要的就是自信。
나는 대학생이 일자리를 찾을 때 가장 중요한 것은 자신감이라고 생각해.

A 我完全同意你的看法。就算再怎么难，也要对自己有信心才行。
나도 네 생각에 완전 동의해. 아무리 어렵다고 하더라도 자신에게 자신감이 있어야 되는 거지.

Exercise 다음 듣기와 독해 문제를 풀어 보세요.

1. 녹음을 듣고 주어진 문장과 내용이 일치하면 ✓, 일치하지 않으면 ✕를 표시하세요. 11-08

보기
我想去办个信用卡，今天下午你有时间吗？陪我去一趟银行？
★ 他打算下午去银行。 (✓)

❶ 我锻炼身体不是为了减肥。 ( )

❷ 专业人士也很难看出是真是假。 ( )

❸ 去北京一定要去紫禁城。 ( )

❹ 大学生找工作一点都不难。 ( )

2. 두 사람의 대화를 잘 듣고 질문에 알맞은 답을 골라 빈칸에 쓰세요. 11-09

❶ ( )

A 工作不难找 B 不想推迟毕业
C 没什么工作经验 D 大学毕业了

❷ ( )

A 不是很饿 B 没吃早饭
C 想自己吃饭 D 等朋友吃饭

❸ ( )

A 不看韩剧 B 看不懂韩剧
C 要准备考试 D 最近不太忙

3. 아래 주어진 세 문장을 알맞은 순서로 나열하고 순서를 쓰세요.

보기
A 可是今天起晚了
B 平时我骑自行车上下班
C 所以我就打车来公司

B A C

❶ A 今年夏天再刮大风下大雨
B 幸亏去年把房子都修好了
C 也不怕了

____

❷ A 还有很多有名的咖啡店和蛋糕店
B 即便不买东西，也可以逛逛
C 这家购物中心环境也好，服务也好

____

❸ A 下个月就要出国了
B 我们要是再不好好叙叙旧
C 就没时间了

____

❹ A 就算做得不好吃
B 今天你过生日，我给你做个蛋糕吧
C 也要试一试

____

4. 아래 주어진 그림과 키워드를 참고하여 문장을 만들어 보세요.(40자 내외)

키워드 毕业 / 失业 / 满意 / 理想 / 工作

____

____

____

5. 아래 문장을 읽고, 빈칸에 들어갈 알맞은 어구를 골라 답을 쓰세요.

秦朝末年，楚汉相争时代，项羽和刘邦原来说好(❶)侵犯。后来刘邦趁项羽(❷)就攻打项羽。终于把项羽紧紧围住。(❸)，项羽手下的士兵已经很少，粮食也没有了。半夜里听见四面围住他的刘邦军队都(❹)楚国民歌，他非常(❺)说："刘邦已经得到楚国了吗？为什么他的军队里楚国人那么多呢？"他悲痛地一边喝酒一边写诗，心里(❻)已经没有了斗志，和虞姬一起唱歌。唱完，虞姬在项羽的马前自刎。项羽带着剩下的士兵到了乌江，(❼)死也不肯投降刘邦，最终在江边自刎。

❶ ( )

A 相互　B 互相　C 互　D 互不

❷ ( )

A 不注意　B 注意　C 不小心　D 小心

❸ ( )

A 这个　B 现在　C 平时　D 这时

❹ ( )

A 唱起　B 唱了　C 唱开　D 唱完

❺ ( )

A 吃惊得　B 惊吓地　C 惊心动魄地　D 吃惊地

❻ ( )

A 烦恼得　B 难过得　C 难过地　D 悲痛地

❼ ( )

A 只是　B 再　C 就算　D 就

Chapter

12

从放假那天起，我们每天都去图书馆学习。

G Grammar 학습내용

Play Point 1 从A起 / 从A开始

Play Point 2 越A越B

Play Point 3 ① 在A上 / ② 在A下

Play Point 4 ① 在A看来 / ② 拿A来说 / ③ 对A来说

Dialogue 一言为定

Reading 不得不

New Word 12-00

o Play Point 1

期待	qīdài	동 기대하다
拼车	pīnchē	동 카풀을 하다
元旦	Yuándàn	명 신정, 1월 1일
实行	shíxíng	동 실행하다
工作制	gōngzuòzhì	근무제

o Play Point 2

值钱	zhíqián	형 값어치가 있다, 값지다
老	lǎo	형 오래되다
火锅	huǒguō	명 훠궈, 중국식 샤브샤브
汉拿山	Hànná Shān	고유 한라산
山顶	shāndǐng	명 산 정상, 산꼭대기
喜剧片	xǐjùpiàn	코믹물
有趣	yǒuqù	형 흥미있다

o Play Point 3

其实	qíshí	부 실제로, 사실상
树木	shùmù	명 나무
程度	chéngdù	명 정도
优酷	Yōukù	고유 유쿠 [중국의 UCC 사이트 명칭]
影响力	yǐngxiǎnglì	영향력
超过	chāoguò	동 추월하다, 초과하다
媒体	méitǐ	명 매체
指导	zhǐdǎo	명 지도, 가르침
优异	yōuyì	형 특히 우수하다
祝英台	Zhù Yīngtái	고유 축영대, 인명
梁山伯	Liáng Shānbó	고유 양산백, 인명

o Play Point 4

预防	yùfáng	동 예방하다
有效	yǒuxiào	형 유효하다, 효과적이다
个人	gèrén	명 개인
卫生	wèishēng	명 위생
算	suàn	동 계산하다, 셈하다
真人版	zhēnrén bǎn	실사판
迪士尼	Díshìní	고유 디즈니

o Dialogue

值得	zhíde	동 ~할 만한 가치가 있다
音乐会	yīnyuèhuì	음악회, 콘서트
《梁祝》	《Liáng zhù》	고유 《양축》[양산백과 축영대의 사랑이야기]
音乐厅	yīnyuètīng	콘서트홀
举办	jǔbàn	동 개최하다
定期	dìngqī	명 정기
演奏会	yǎnzòuhuì	연주회
形式	xíngshì	명 형식
表演	biǎoyǎn	동 상연하다, 연기하다
来自	láizì	동 (~에서) 오다
台湾	Táiwān	고유 타이완, 국명
著名	zhùmíng	형 유명하다, 저명하다
二胡	èrhú	명 얼후 [중국 악기의 일종]
演奏家	yǎnzòujiā	연주자, 연주가
演奏	yǎnzòu	동 연주하다
同样	tóngyàng	형 같다, 다름 없다
曲子	qǔzi	명 곡, 노래
拉	lā	동 (악기를) 켜다, 뜯다, 연주하다
优美	yōuměi	형 우아하고 아름답다
味儿	wèir	명 맛, 취미, 흥미

言	yán	명 말, 언어
为	wéi	동 하다, 만들다, ~로 삼다
化	huà	동 변하다, 변화하다

o Reading

蝶	dié	명 나비
大方	dàfang	형 대범하다, 시원시원하다
当时	dāngshí	명 당시, 그 때
假扮	jiǎbàn	동 변장하다, 가장하다
算命	suànmìng	동 (앞날의 운세를) 점치다
先生	xiānsheng	명 선생님, 씨 [성인 남성에 대한 경칭]
外出	wàichū	동 밖으로 나가다, 외지로 가다
求学	qiúxué	동 학문을 탐구하다
家门	jiāmén	명 가문
兴旺	xīngwàng	형 번창하다
扮	bàn	동 분장하다, 꾸미다
装	zhuāng	동 분장하다, 꾸미다
上路	shànglù	동 여정에 오르다
书生	shūshēng	명 서생
一见如故	yíjiàn rúgù	첫 만남에 오랜 친구사이처럼 친숙하다
反对	fǎnduì	명 반대
过度	guòdù	형 지나치다, 과도하다
逼	bī	동 핍박하다, 억압하다
出嫁	chūjià	동 시집가다
炸雷	zhàléi	명 우레, 천둥
炸	zhà	동 터지듯 갈라지다, 폭발하다
毫	háo	부 (부정문에서) 전혀, 조금도
犹豫	yóuyù	동 망설이다, 주저하다
进去	jìnqù	동 들어가다
合	hé	동 합치다, 모으다

随后	suíhòu	부 뒤이어, 바로 뒤에
蝴蝶	húdié	명 나비
化身	huàshēn	명 화신

» 고정격식: 고정격식이란 여러 가지 성분들이 결합하여 일정한 틀을 이루어 의미를 나타내는 형식을 말한다. 이들은 반드시 고정된 단어, 또는 어구와 어울려 사용되므로, 하나의 표현형식으로 기억해 두는 것이 좋다.

Play Point 1 从 A 起 / 从 A 开始

» 'A부터 시작하여'라는 의미로 시간을 나타내는 어구와 결합하여 출발 또는 시작 기점을 나타낸다. A자리에 시간을 나타내는 어구가 온다.

- 从放假那天起，我们每天都去图书馆学习。
  방학한 그날부터 우리는 매일 도서관에 가서 공부한다.
- 从昨天晚上开始，爷爷的病就越来越严重了。
  어젯밤부터 할아버지의 병이 점점 더 심해지셨다.

Play Point 2 越 A 越 B

» 'A할수록 (더) B하다'라는 의미로 정도가 조건의 변화에 따라 증가 또는 발전하거나 변화함을 나타낸다. A와 B 자리에는 형용사, 동사가 올 수 있으며, 주어 위치에는 구나 문장이 올 수 있다.

구조	주어(구/문장) + 越 + 형용사/동사 + 越 + 형용사/동사 。

- 咖啡的味道越苦越好喝。 커피 맛은 쓸수록 맛있다.
- 你们家的三只猫越长越可爱。
  너희 집의 세 마리 고양이는 커 갈수록 더 귀엽다.

Play Point 3 ① 在 A 上 / ② 在 A 下

❶ **在 A 上** : 'A상/A방면에서/A 위에'라는 의미로 동작 혹은 상태의 시간, 공간상의 범위, 측면 분야 조건 등을 나타낸다. A 자리에는 주로 명사성 어구 혹은 동사성 어구가 온다.

- 在这个世界上，其实有很多事情我们并不了解。
  이 세계에는 사실 우리가 결코 이해할 수 없는 일들이 많다.
- 在学习方法上，有很多学生只见树木不见森林。
  학습방법에 있어 많은 학생들이 나무만 보고 숲을 보지 못한다.

❷ **在 A 下** : 'A하에, A(으)로 인해'라는 의미로 동작 혹은 상태의 전제 조건을 나타낸다. A 자리에는 주로 명사성 어구 혹은 동사성 어구가 온다.

- 在教练的指导下，我们取得了优异的成绩。
  코치의 지도로 우리는 우수한 성적을 거두었다.
- 在大家的帮助下，问题很快地就被解决了。
  모두의 도움으로 문제가 빨리 해결되었다.

Play Point 4 ① 在 A 看来 / ② 拿 A 来说 / ③ 对 A 来说

❶ **在 A 看来** : 'A가 볼 때'라는 의미로 A 자리에는 주로 사람을 나타내는 명사, 대사가 오며, 사물이나 상태에 대한 주관적인 판단 또는 예상을 나타낸다.

- 在专家看来，预防流感最有效的方法是做好个人卫生。
  전문가들이 보기에 독감을 예방하는 가장 효과적인 방법은 개인위생을 잘 하는 것이다.

❷ **拿 A 来说** : 'A를(로) 예로(를) 들어 말하자면', 'A의 경우를 말하자면'이라는 의미로 실례를 들어서 자기의 의견 혹은 관점이 옳음을 강조한다. A의 자리에 명사성 어구가 온다.

- 拿这部电影来说，算得上是真人版电影中最好的一部。
  이 영화로 말하자면 실사 영화 중 가장 좋은 작품이라고 할 수 있다.

❸ **对 A 来说** : 'A에게 있어서/A로서는/A에 대해 말하자면'라는 의미로 설명하고자 하는 내용과 인물과의 관계를 강조한다. A의 자리에 명사성 어구가 온다.

- 对孩子们来说，迪士尼是最想去的地方之一。
  아이들에게 디즈니는 가장 가고 싶은 곳 중 하나이다.

Dialogue 一言为定

» '한 마디로 결정하고, 더 이상 바꾸지 않는다'라는 의미의 사자성어이다. 말한 대로 하고 결코 번복하지 않음을 비유한다.

- 下次生日我请你吃饭，一言为定！ 다음 생일에 내가 밥을 살게. 약속할게!
- 这件事我们就这样一言为定了。 이 일은 우리가 바로 이렇게 한 마디로 결정했다.

Reading 不得不

» '부득불/어쩔 수 없이/부득이하게'라는 의미로 원하지 않지만 행위동작이 상황에 의해 어쩔 수 없이 행해짐을 나타낸다. 주로 동사 앞에 위치하며 비교적 강한 어기를 나타낸다.

- 在祝英台父母的反对下，他们不得不分手。
  축영대 부모의 반대로 그들은 헤어질 수밖에 없었다.
- 下大雨了，我们的爬山计划不得不改变了。
  비가 많이 와서 우리의 등산 계획은 어쩔 수 없이 변경되었다.

Review & Writing 이번 챕터의 회화를 들으며 직접 문장을 써 보세요. 12-07

A 最近有什么值得一听的音乐会，给我介绍一下。
요즘 들을 만한 음악회가 있으면 (나에게) 소개해 줘.

B 听说《梁祝》音乐会不错，从下个月起在上海音乐厅每个周末都会举办定期演奏会。
듣자하니《양축》콘서트가 괜찮다고 하던데, 다음 달부터 상하이콘서트홀에서 주말마다 정기연주회를 할 거래.

A 我以为《梁祝》只有电影、电视剧，没想到还有这种形式的表演。
난《양축》이 영화, 드라마만 있는 줄 알았는데, 또 이런 장르의 공연도 있는 줄 생각도 못 했어.

B 这次演奏会，由来自台湾的著名二胡演奏家来表演，一定非常精彩。
이번 연주회는 대만에서 온 유명한 얼후 연주자가 공연을 하는데, 틀림없이 정말 멋질 거야.

A 我特别喜欢听二胡演奏，在我看来，同样一个曲子用二胡拉出来的更好听。
나는 얼후 연주 듣는 걸 특히 좋아해. 내가 보기엔, 같은 곡이라도 얼후로 들으면 더 듣기 좋더라고.

B 对啊，我也觉得二胡的声音很优美，越听越有味儿。
맞아. 나도 얼후 소리가 매우 아름답다고 생각해, 들으면 들을수록 묘미가 있어.

A 那到时候你要是去的话，别忘了把我带上。
그럼 그 때 네가 가게 된다면 나를 데리고 가는 것 잊지 마.

B 没问题。一言为定。 물론이지. 약속할게.

Exercise 다음 듣기와 독해 문제를 풀어 보세요.

1. 녹음을 듣고 주어진 문장과 내용이 일치하면 ✓, 일치하지 않으면 ✕를 표시하세요. 12-08

보기 我想去办个信用卡，今天下午你有时间吗？陪我去一趟银行？
★ 他打算下午去银行。 (✓)

❶ 骑车的人越来越少。 ( )

❷ 我不知道真人版电影有哪些。 ( )

❸ 年轻人自己挣钱买房不容易。 ( )

❹ 这个周末我会去听在上海音乐厅举办的定期演奏会。 ( )

2. 두 사람의 대화를 잘 듣고 질문에 알맞은 답을 골라 빈칸에 쓰세요. 12-09

❶ ( )

A 学习时间长不一定好　B 学习时间越长越好
C 控制时间不那么简单　D 时间控制最重要

❷ ( )

A 昨天玩游戏玩得太久了　B 笔记本的问题还没有解决
C 那个笔记本是很久以前买的　D 那个笔记本经常出问题

❸ ( )

A 跟邻居们一起拼车能节约用钱
B 环境保护应该由政府来做
C 跟邻居们一起拼车真麻烦
D 环境保护对我们每个人都很重要

3. 아래 주어진 세 문장을 알맞은 순서로 나열하고 순서를 쓰세요.

보기	
A 可是今天起晚了	
B 平时我骑自行车上下班	B A C
C 所以我就打车来公司	

❶ A 所以从放假那天起，我打算每天都去图书馆学习
B 对学生来说，放假是一件很愉快的事儿 ________
C 但是我跟别的同学有些不同，这个假期需要准备考试

❷ A 在生活习惯上，我们一家人各有不同之处
B 虽然我们习惯都不一样，但我们还是幸福的一家人 ________
C 休息的时候，爸爸去散步、妈妈去睡觉、哥哥去打球、我去玩游戏

❸ A 他们觉得红色能给人带来好运，让人觉得舒服
B 对中国人来说，红色是最喜欢的颜色之一 ________
C 因此不管古代还是现代，有好事的时侯人们喜欢用红色的东西来表示

❹ A 今天我和朋友们一起去爬，爬了一会儿就感觉有点累了
B 拿汉拿山来说，算得上是很多人最想去爬的一座山 ________
C 不过我们还是坚持爬到了山顶，山顶的风景真是美极了。

4. 아래 주어진 그림과 키워드를 참고하여 문장을 만들어 보세요.(40자 내외)

키워드 二胡 / 在…来 / 拉出来 / 优美 / 越…越…

____

____

____

5. 아래 문장을 읽고, 빈칸에 들어갈 알맞은 어구를 골라 답을 쓰세요.

祝英台是一个美丽大方、聪明好学的女孩儿。当时只有男孩儿可以上学，女孩不可以。她很想去学校学习，但她父亲不允许，所以她假扮（ ❶ ）算命先生，来见她父亲，说："在我（ ❷ ），让您的女儿外出求学，家门就会更加兴旺的。"她终于得到了父亲的允许，（ ❸ ）上路了。在学校她认识了一个叫梁山伯的书生，他们（ ❹ ），就结为兄弟。后来，梁山伯知道祝英台原来是个女孩儿，就想和祝英台结婚。但（ ❺ ）祝英台父母的反对下，他们不得不分手。不久，山伯因为伤心过度生病死了。（ ❻ ）英台多么伤心，父亲也要逼她出嫁。出嫁那天，她路过山伯的坟墓，就跑到坟墓前大哭了起来。突然一声炸雷，山伯的（ ❼ ）。英台毫不犹豫地跳了进去，坟墓又合上了。随后从坟墓里飞出两只美丽的蝴蝶。人们都说那是梁山伯和祝英台的化身。

❶ (　　　)

A 完　　B 到　　C 着　　D 成

❷ (　　　)

A 看去　　B 下来　　C 起来　　D 看来

❸ (　　　)

A 男扮女装　　B 女扮男装　　C 我扮你装　　C 你扮我装

❹ (　　　)

A 一见如故　　B 家喻户晓　　C 一见钟情　　D 后悔莫及

❺ (　　　)

A 从　　B 在　　C 往　　D 向

❻ (　　　)

A 就是　　B 就算　　C 不管　　D 尽管

❼ (　　　)

A 把坟墓炸开了　　B 给坟墓炸开了

C 坟墓被炸开了　　D 被坟墓炸开了

Main Book

Skill Up 정답

Workbook

Exercise 정답

녹음 Script

Chapter 01

Skill Up

● Play Point 01

1. ❷ 钱包里有一张信用卡。
   ❸ 柜子里有很多塑料袋。
   ❹ 公交车里有很多人。

2. ❶ C　❷ B　❸ A

● Play Point 02

1. ❷ 空调左边是一个大衣柜。
   ❸ 餐厅对面是一个加油站。
   ❹ 我家旁边是一个健身房。

2. ❶ B　❷ A　❸ C

● Play Point 03

1. ❷ 桌子上放着很多书。
   ❸ 公园里开着许多花。
   ❹ 马路上停着很多车。

2. ❶ ✓　❷ ×　❸ ×

● Play Point 04

1. ❷ 亲戚家里死了一只猫。
   ❸ 他们公司走了很多人。
   ❹ 家里丢了一辆摩托车。

2. ❶ 走过来
   ❷ 出现了
   ❸ 开过来

Exercise　12P

1. 녹음
   A 书店前边是一家咖啡厅。
   B 对面开过来一辆车。
   C 阳台上有一台洗衣机。
   D 天上飞着一只鸟。
   정답 ❶ C　❷ D　❸ A　❹ B

2. 녹음
   ❶ 男：我看你桌子上有两本书，都是你的吗？
   女：是啊，两本都是我的。怎么了？
   男：那你能把那本中文书借给我吗？
   女：没问题。你自己去拿吧。
   问：男的是什么意思？
   ❷ 男：听说你们公司最近走了很多人？
   女：你的消息还挺快的！你都听谁说的？
   男：你先别问我听谁说的，跟我讲讲那些人为什么都不干了啊？
   女：就是经常要加班，工作压力大，而且工资也不高。
   问：女的觉得公司怎么样？
   ❸ 女：我们都走了一个多小时了，找个地方休息一下吧。
   男：你看到前面那个书店了吗？书店前边是一家很有名的咖啡厅。
   女：看到了！那我们去那儿喝点儿东西吧。
   男：好啊。那家咖啡厅的拿铁特别好喝，你可以试试。
   问：女的是什么意思？
   정답 ❶ C　❷ D　❸ A

3. ❶ 没想到你懂得还真多！
   ❷ 苹果旁边的是什么？
   ❸ 您给我来一斤蟠桃。
   ❹ 我钱包里正好有零钱。
   ❺ 我家又进了一批新品种。

4. ❶ 참고 답안 跟一般的桃子相比，蟠桃的口感吃起来比较脆嫩。
   ❷ 참고 답안 他每天都把自己的房间弄得乱七八糟，怎么说都没用。

5. ❶ B　❷ A　❸ D　❹ A　❺ C

Chapter 02

Skill Up

● Play Point 01

1. ❷ 今天的情况比昨天更严重。/
今天的情况比昨天还严重。
❸ 这里的风景比那里更美丽。/
这里的风景比那里还美丽。
❹ 这家的客厅比我家更豪华。/
这家的客厅比我家还豪华。

2. ❶ 这条裤子不比那条舒服。
❷ 这条狗不比那条可爱。
❸ 这件衬衫不比那件好看。

● Play Point 02

1. ❷ 这份工作比以前的轻松一些。
❸ 今年比去年多生产了5000个。
❹ 他比我晚来了一个多小时。

2. ❶ 总结得更加清楚。
❷ 了解得比我多。
❸ 组织得比上次好。

● Play Point 03

1. ❷ 这个房间有那个房间那么大。
❸ 这家的麻辣烫有那家那么好吃。
❹ 这家的啤酒有那家那么好喝。

2. ❶ B ❷ C ❸ C

● Play Point 04

1. ❷ 他汉语说得跟中国人一样流利。
❸ 他的个子跟我一样高。
❹ 这家公司的待遇跟那家一样好。

2. ❶ A ❷ C ❸ D

Exercise 24P

1. 녹음

A 这个桃子没有那个那么甜。
B 他这次买的裤子不像以前的那么好看。
C 这家的咖啡比那家便宜一点儿。
D 最近天气一天比一天冷。

정답 ❶ C ❷ D ❸ B ❹ A

2. 녹음

❶ 女：今天是周末，你有什么计划吗？
男：今天比昨天还热，我只想在家里呆着。
女：家里都没有商场凉快。我打算陪妈妈去商场逛逛。
男：我也很久没去逛街了。
问：男的今天打算做什么？

❷ 女：这个盘子特别漂亮，你觉得呢？
男：我觉得这个没有那个那么好看。
女：是吗？价格都一样。不知道该买哪个好。
男：那就买一个你喜欢的吧。我没什么意见。
问：女的要买哪个盘子？

❸ 女：你家人在国外过得好吗？
男：刚去国外的时候很不适应。现在感觉一天比一天好了。
女：那就好。我总觉得在国外没有在国内舒服。
男：那是当然。如果不是因为工作，我也不想去那么远的地方。
问：男的的家人在国外过得怎么样？

정답 ❶ D ❷ D ❸ A

3. ❶ 我个子不像爸爸那么高。
❷ 他踢得一场比一场好。
❸ 这家的蔬菜比那家的新鲜一点儿。
❹ 我身体最近没有以前那么健康。/
最近我身体没有以前那么健康。

❺ 现在打车不如走路快。

4. ❶ 참고 답안 这家店的衬衫和帽子打5折，比以前便宜一半。

❷ 참고 답안 我把一家人一起吃年夜饭的照片传到朋友圈了。

5. ❶ B　❷ A　❸ A　❹ D　❺ A

Chapter 03

Skill Up

● Play Point 01

1. ❷ 她有个网友叫"游戏王"。

❸ 天上有只鸟飞走了。

❹ 前面有只猫走过来了。

2. ❶ 有个大学要请汉语老师。

❷ 有个学校招聘中学教师。

❸ 有个公司要请篮球教练。

● Play Point 02

1. ❷ 爷爷请朋友来家里喝茶。

❸ 那家店请顾客来免费品尝。

❹ 老板请客户来参观我们公司。

2. ❶ A　❷ B　❸ D

● Play Point 03

1. ❷ 爸爸每次在我要睡觉的时候叫我帮他的忙。

❸ 姐姐每次在我要休息的时候叫我收拾房间。

❹ 妈妈每次在我玩游戏的时候叫我去取酸奶。

2. ❶ A　❷ C　❸ C

● Play Point 04

1. ❷ 他的决定令所有人感到吃惊。

❸ 这次流感令许多人感到不安。

❹ 领导的话令我们感到愉快。

2. ❶ D　❷ B　❸ A

Exercise　36P

1. 녹음

A 刚才外边有个人找你了。

B 这本书使他了解了很多中国的情况。

C 公司派我去当地进行全面的调查研究。

D 这件事还是让我来告诉他吧。

정답 ❶ A　❷ D　❸ B　❹ C

2. 녹음

❶ 女：真麻烦！哥哥总是在我做作业的时候叫我陪弟弟玩儿。

男：你哥哥干什么？

女：其实他也挺忙的。每天都去打工，晚上12点才回家。

男：那家里能陪弟弟玩儿的也就只有你了。

问：女的的哥哥怎么样？

❷ 女：怎么了？你也感冒了吗？

男：嗯，前几天开始有点儿头疼，到今天早上就更加严重了。

女：听说这次流感很严重，得流感的人也越来越多。

男：太吓人了，这次流感真令人感到不安。

问：男的的意思是什么？

❸ 女：你说的那家店都已经坐满了人。好可惜啊！

男：他们家的菜真的很好吃。下次一定提前预约，好好请你吃一顿。

女：好吧。最近经济环境这么不好，可是他们家的生意看起来还不错。

男：他们经常请顾客来免费品尝，这也是他们成功的秘诀之一。

问：那家店怎么样？

정답 ❶ B　❷ C　❸ D

3. ❶ 告诉他有个学校招聘中学教师。

❷ 他的故事令很多人感到激动。

❸ 孩子的回答让他十分感动。

❹ 领导派他来这里打听情况。

❺ 老师经常请我们去他家做客。

4. ❶ 참고 답안 《木兰》是一部让人感动的电影，故事也很有意思。

❷ 참고 답안 先做人后做事的道理，难道你真的不懂吗？

5. ❶ A　❷ C　❸ C　❹ B　❺ D

Chapter 04

Skill Up

● Play Point 01

1. ❷ 你可以把包裹寄到我家里。

❸ 你可以把衣服挂在柜子里。

❹ 你可以把信用卡放在钱包里。

2. ❶ A　❷ C　❸ B

● Play Point 02

1. ❷ 把我冻得直打哆嗦。

❸ 把我感动得直掉眼泪。

❹ 把我激动得一夜没睡。

2. ❶ A　❷ D　❸ D

● Play Point 03

1. ❷ 他家的小狗被小李给带走了。

❸ 她的围巾被大风给吹走了。

❹ 我家的沙发被别人给买走了。

2. ❶ C　❷ A　❸ B

● Play Point 04

1. ❷ 啤酒都让他们给喝干净了。

❸ 盘子都让他们给擦干净了。

❹ 房间都让他们给收拾干净了。

2. ❶ ✓　❷ ✕　❸ ✕

Exercise 46P

1. 녹음

A 你可以把衣服挂在柜子里。

B 今天把我冻得直打哆嗦。

C 她的围巾被大风给吹走了。

D 我们都被电视剧的剧情感动了。

정답 ❶ B　❷ C　❸ A　❹ D

2. 녹음

❶ 男：金小姐，您好！您的包裹会在下午四点左右送到您家里。

女：对不起！下午我可能会出门，家里应该没有人。

男：那包裹送到哪儿好呢？

女：麻烦您把包裹放到我家门口。谢谢！

问：男的会把包裹放到哪里？

❷ 女：我昨天看了一部电影，叫《死党》。

男：“死党”是什么意思？我还是第一次听呢。

女：我们把好朋友叫做“死党”。

男：是吗？那我们俩以后就是“死党”了。

问：女的和男的是什么关系？

❸ 女：小李，我能跟你借一下自行车吗？

男：你不是有自行车吗？为什么还要借呢？

女：我的自行车被小王给骑走了。

男：我早上把自行车停在图书馆楼下了。给你钥匙，自己去拿吧！

问：男的是什么意思？

정답 ❶ A　❷ B　❸ B

3. ❶ 你可以把包裹寄到我家里。

❷ 我们一定要把这里建成美丽的花园。

❸ 小李被窗外漂亮的风景所吸引。

❹ 那个箱子刚才叫人给抬走了。

❺ 他家的小狗被小李给带走了。

4. ❶ 참고 답안 西湖的风景实在是太美了，真是让人难忘。

❷ 참고 답안 我去杭州玩的时候，听说过关于雷锋塔的民间故事。

5. ❶ C ❷ A ❸ D ❹ B ❺ D

Chapter 05

Skill Up

● Play Point 01

1. ❷ 我们先去学校踢足球，然后去练歌房唱歌。

❸ 我们先去图书馆学习，然后去食堂吃饭。

❹ 我们先去咖啡厅喝咖啡，然后去健身房健身。

2. ❶ B ❷ C ❸ D

● Play Point 02

1. ❷ 我们先举行欢迎仪式，接着举行了联欢会。

❸ 我们先学习汉语，接着学习了英语。

❹ 我们先打扫教室，接着打扫了球场。

2. ❶ C ❷ D ❸ B

● Play Point 03

1. ❷ 他接受了建议，并提出了今后合作计划。

❸ 她打扫了房间，并收拾了书房的旧东西。

❹ 他接受了意见，并进行了全面调查研究。

2. ❶ A ❷ B ❸ A

● Play Point 04

1. ❷ 他积极参加活动，从而锻炼了社交能力。

❸ 他不断提出要求，从而改善了学习环境。

❹ 她不断坚持运动，从而改善了身心健康。

2. ❶ ✕ ❷ ✕ ❸ ✓

Exercise 59P

1. 녹음

A 她坚持每天看一部中国电影，从而提高了汉语能力。

B 我们先去打篮球，然后去饭馆吃饭。

C 我们先参观北京大学，接着参观了北京博物馆。

D 经理接受了我们的建议，并提出了今后的工作计划。

정답 ❶ B ❷ A ❸ C ❹ D

2. 녹음

❶ 男：每天下班以后，你都会做些什么？
女：我总是先做饭，然后打扫房间，再看会儿电视。
男：你平时都喜欢看什么电视节目？
女：我爱看经典电视剧。总觉得现在的电视剧没有以前的那么好看。
问：女的下班以后先做什么？

❷ 女：昨天的面试怎么样？还顺利吗？
男：我觉得还可以。就是面试太复杂了。
女：面试有什么复杂的？难道还有笔试吗？
男：我先考了英语，紧接着参加了讨论，最后参加了面试。
问：男的最后参加了什么？

❸ 女：今天下班以后，经理要请大家吃饭。
男：经理看咱们这些员工工作这么努力，想给我们点儿奖励。
女：咱们表现这么好，是不是得给我们买点礼物啊？
男：你还想要礼物？请我们吃饭就已经不错了。
问：经理打算怎样做？

정답 ❶ B ❷ C ❸ A

3. ❶ 人们知道塑料袋污染环境，便不再使用塑料袋。

❷ 他努力打工挣钱，从而解决了学费问题。

❸ 京剧是中国经典文化之一。

④ 演员把故事精彩地呈现出来。

⑤ 我感觉都没有小说那么好看。

4. ❶ 참고 답안 他先打开书包，紧接着拿出笔记本，然后开始写作业。

❷ 참고 답안 他积极参加学校组织的各种活动，从而锻炼了社交能力。

5. ❶ B ❷ C ❸ A ❹ C ❺ D

Chapter 06

Skill Up

Play Point 01

1. ❷ 今天不是去运动，而是去演出。

❸ 现在不是去开会，而是去约会。

❹ 她不是去跑步，而是去散步。

2. ❶ 研究生

❷ 售货员

❸ 垃圾桶

Play Point 02

1. ❷ 我宁可好几天不吃饭，也要把钢琴弹好。

❸ 我宁可一整年不休息，也要把生意做好。

❹ 我宁可好几天不睡觉，也要把口语练好。

2. ❶ A ❷ C ❸ C

Play Point 03

1. ❷ 与其浪费时间，不如努力工作。

❸ 与其后悔过去，不如努力学习。

❹ 与其麻烦别人，不如自己解决。

2. ❶ 相信别人

❷ 做好自己

❸ 担心未来

Play Point 04

1. ❷ 他穿得这么休闲，或者去约会，或者去旅行。

❸ 他穿得这么整齐，或者去面试，或者去上班。

❹ 她穿得这么漂亮，或者去拍照，或者去看电影。

2. ❶ C ❷ A ❸ D

Exercise 70P

1. 녹음

A 你说的那个律师，你去邀请还是我去邀请？

B 与其相信别人，还不如相信自己。

C 我宁可在家睡觉，也不想陪她逛街。

D 她不是服务员，而是售货员。

정답 ❶ D ❷ C ❸ B ❹ A

2. 녹음

❶ 女：你明天去西安出差吧？真让人羡慕。

男：有什么可羡慕的？这次不是去旅行，而是去工作。

女：那你可以白天工作，晚上出去逛逛嘛。

男：我宁可在酒店休息，也不想出去逛。

问：男的是什么意思？

❷ 男：这个资料，你来翻译还是我来翻译？

女：我今天一整天都要开会，忙死了，实在是没有时间。

男：那我来吧。等我翻译完了，下午给你发过去，下班之前你再帮我看看。

女：没问题。那就辛苦你了，改天我请你吃好吃的！

问：女的是什么意思？

❸ 男：你们公司上个月新出的产品卖得怎么样？

女：上个月刚出的时候卖得还行，可这个月卖得就不怎么好，所以正在考虑调整价格。

男：我觉得与其考虑降低价格，不如做好广告宣传。

女：你说的也对，好东西就得让更多的人知道。

问：男的是什么意思？

정답 ❶ C　❷ B　❸ D

3. ❶ 你这次又搬到哪儿了?
❷ 真是不敢相信自己的眼睛。
❸ 那个房子没住多长时间。
❹ 这个要求实在是难为你们了。
❺ 这不是有没有孩子的问题。

4. ❶ 참고 답안 等你有了孩子就能理解做父母的心情了。
❷ 참고 답안 为了让孩子上那所好学校，只能委屈自己了。

5. ❶ C　❷ A　❸ B　❹ D　❺ B

Chapter 07

Skill Up

Play Point 01

1. ❷ 要是稍微出错，事情就闹大了。
❸ 要是带着烤鸭回家，家里人就会很开心。
❹ 要是你不允许，我就不吸烟。

2. ❶ 要不是提前准备
❷ 要不是网络销售
❸ 要不是大家帮助

Play Point 02

1. ❷ 假如你那天不能来，就早点打个电话。
❸ 假如家里没有电视，就会读更多的书。
❹ 假如我能休息一年，就要游览全世界。

2. ❶ B　❷ A　❸ D

Play Point 03

1. ❷ 没有大家的同意，就不能进行下去。
❸ 没有你的帮助，就不能完成作业。
❹ 没有你们的鼓励，就不能获得冠军。

2. ❶ C　❷ B　❸ A

Play Point 04

1. ❷ 幸亏发现及时，不然就发生火灾了。
❸ 幸亏你也来了，不然就我一个人了。
❹ 幸亏还能买春运火车票，不然就不能回家乡了。

2. ❶ 万一出了事
❷ 万一生了病
❸ 万一见了面

Exercise　82P

1. 녹음
A 这次比赛要是没有你们的鼓励和支持，我就不能获得冠军。
B 我觉得你应该去找他把这件事儿解释清楚，否则他是不会原谅你的。
C 我们家的电视前两天突然坏了。不过这也挺好，孩子们可以多读点儿书了。
D 要不是你在网上提前订好出租车，我们就肯定赶不上这趟飞机了。

정답 ❶ ✕　❷ ✕　❸ ✓　❹ ✕

2. 녹음
❶ 女：家里好像都没菜了，你下班的时候能去一趟超市吗?
男：好啊。买点什么好呢? 蔬菜还是肉?
女：冰箱里就剩几个鸡蛋了。今天晚上你做饭，你就看着买吧。
男：行。那我就买点儿蔬菜、豆腐、牛肉什么的。晚上吃麻辣香锅怎么样?
女：好啊! 我们好久没吃麻辣香锅了。那我先去上班了，再晚就迟到了。
男：好吧。要是还有什么想买的，就下班之前给我打电话。
问：女的现在要去做什么?
❷ 女：听说你找到工作了，恭喜你。你找的是什么工作啊?
男：我在北京一家做网络游戏的公司当翻译。

女：太好了。你不是一直想在中国找工作吗？

男：是啊。谁让我是学汉语的呢？

女：今天晚上我请你吃川菜，好好庆祝一下。

男：应该是我请你才对。没有老同学的支持，就没有今天的我。

问：他们要庆祝什么？

❸ 男：马上要放暑假了。假期你有什么计划吗？

女：我还没什么特别的打算。你都计划好了？

男：这个暑假我想准备英语考试。倘若你也感兴趣，我们可以一起上补习班。

女：是吗？我本来还想自己背英语单词、准备考试来着。

男：一个人学习多没意思啊。一起吧。补习班每周去三次，一次上两个小时。

女：那你得让我好好想想。

问：根据对话，我们可以知道什么？

정답 ❶ A ❷ A ❸ C

3. ❶ BAC ❷ ACB ❸ CAB ❹ BAC

4. 참고 답안 我常常对现在的生活不满足，总是觉得压力很大。所以休息的时候，只要有时间，我就会出去锻炼身体。这样不仅可以让自己放松心情，而且对身体健康也很有帮助。

5. ❶ A ❷ B ❸ D ❹ D ❺ B ❻ A ❼ C

Chapter 08

Skill Up

Play Point 01

1. ❷ 这个小区连便利店也没有。

❸ 这家酒店连WiFi也没有。

❹ 我身上连十块钱也没有。

2. ❶ C ❷ B ❸ A

Play Point 02

1. ❷ 轻的都不能搬走，重的就更不用说了。

❸ 我都没钱坐公交车，回家过年就更不用说了。

❹ 平时上班都起不来，周末休息就更不用说了。

2. ❶ A ❷ C ❸ B

Play Point 03

1. ❷ 你可以穿两次，三次，甚至好几次。

❸ 你可以住一天，两天，甚至一个月。

❹ 你可以吃一碗，两碗，甚至十碗。

2. ❶ 甚至连一句话也没有说过。

❷ 甚至连习惯和口味都一样。

❸ 甚至连对方的微信都没有。

Play Point 04

1. ❷ 这里不但不便宜，反而比商场贵。

❸ 感冒不但不减轻，反而越来越重。

❹ 他不但不道歉，反而跟我生气。

2. ❶ 反而增加了

❷ 反而减少了

❸ 反而还欠着

Exercise 94P

1. 녹음

A 这个小区是去年才建好的，很多东西都还没有准备好，小区里连一个咖啡店也没有。

B 现在大多数年轻人工资不高，生活压力大。连车都买不起，就更别提买房了。

C 小王是我最好的朋友。为了给她买生日礼物，我可以花一百、两百，甚至一千块钱。

D 网店的东西也不一定是最便宜的。你看这家网店的东西，不但不便宜，反而比商场还贵。

정답 ❶ ✓ ❷ ✕ ❸ ✓ ❹ ✕

2. 녹음

❶ 女：你家装修得真豪华，看得我都眼花缭乱了。
男：什么啊！说得我都不好意思了。
女：你们家连卫生纸都是进口的呢。
男：你又跟我开玩笑！这些都是我爱人在网上买的。
女：那你家厨房和客厅的装修也是你爱人的主意吧？
男：当然。我从来不提意见。
问：男的是什么意思？

❷ 女：下星期就要见客户了，可是会议资料还没准备好。
男：你们得赶紧准备啊。没剩几天了。
女：总经理去美国出差，周末才能回来。很多事情还需要由总经理来做决定。
男：那怎么办呢？
女：要是你们总经理办公室都没有办法，我们就更不用说了。
男：我这就跟总经理联系，看看能不能开个网络会议。
问：女的是什么意思？

❸ 女：你最近每天都去健身房锻炼，是要减肥吗？
男：当然是为了减肥，否则也不会每天去。不过还没什么效果。
女：快一个月了。怎么会没效果呢？
男：别提了。体重不但没有减少，反而增加了。
女：不可能吧。你跟健身房的教练好好谈一谈嘛。
男：减肥真锻炼我的耐心啊。
问：男的是什么意思？

정답 ❶ C ❷ C ❸ B

3. ❶ ACB ❷ CAB ❸ ABC ❹ BCA

4. 참고 답안 周末在家休息的时候，除了睡觉，整天就是玩玩手机、刷刷朋友圈、逛逛网店什么的。我连门都不出。

5. ❶ D ❷ A ❸ B ❹ C ❺ D ❻ A ❼ B

Chapter 09

Skill Up

Play Point 01

1. ❷ 不管过程多么辛苦，我都要坚持下去。
❸ 不管汉语多么难，我都要学习下去。
❹ 不管工作多么累，我都要按时完成。

2. ❶ B ❷ C ❸ A

Play Point 02

1. ❷ 除非你答应我的要求，不然我是不会帮忙的。
❸ 除非你现在就去找他，不然他是不会原谅你的。
❹ 除非你现在就去解释，不然他是不会接受道歉的。

2. ❶ B ❷ A ❸ D

Play Point 03

1. ❷ 只要放暑假，我们就去中国旅游。
❸ 只要有希望，我们就要坚持下去。
❹ 只要你同意，我们就带他一起去。

2. ❶ A 네가 일을 똑똑히 설명하기만 하면, 모두가 이해할 것이다.
❷ C 내가 그에게 이메일을 보내기만 하면, 그는 틀림없이 회신할 것이다.
❸ B 내가 방을 잘 정리하기만 하면, 아이가 어지럽힐 것이다.

Play Point 04

1. ❷ 除了家人以外，也就只有你了。
❸ 除了工作以外，也要享受生活。

❹ 除了蛋糕以外，也有别的礼物。

2. ❶ ✕ ❷ ✕ ❸ ✓

Exercise 106P

1. 녹음

A 我昨天得了感冒，但是不管感冒多么严重，我都要参加明天的活动。

B 老板让我怎么做，我就怎么做。除非你说服老板，不然我是不会同意的。

C 工作很重要，但是生活也很重要。要努力工作，也要好好生活。

D 我非常喜欢去中国旅游。中国有很多好玩的地方，每次放暑假我都会去中国玩儿。

정답 ❶ ✕ ❷ ✕ ❸ ✓ ❹ ✓

2. 녹음

❶ 女：马上就要毕业了。毕业以后你有什么计划？

男：我打算去美国，想继续读书。

女：美国？你去那么远的地方，你爸爸能同意你去吗？

男：不管他同意不同意，我都要去美国读书。

女：在美国读书，好像要花很多钱吧？你的学费和生活费要怎么解决？

男：我打算自己打工赚。不管多么辛苦，都会坚持下去。

问：男的是什么意思？

❷ 女：听说现在很多人都是一天干两份工作。

男：你是说白天工作，晚上还去打工吗？

女：是啊。现在人生活压力越来越大，很多人晚上下班以后会去再打一份工。

男：那不就没有休息时间了吗？会不会太累啊。

女：没办法。除了工资收入以外，还需要有别的经济收入。

男：但是除了挣钱以外，还要注意休息啊。健康才是最重要的。

问：女的是什么意思？

❸ 女：关于下周部门会议的计划书，明天做可以吗？

男：这不是我能决定的。经理让你今天就发给他。

女：我做是做了，但是还差一点没做完。

男：还有两个小时就下班了。你要是现在不马上做，就来不及了。

女：其实除了计划书，我还有别的急事要办。你说会议计划书明天再发给经理不行吗？

男：除非经理同意，否则应该不行。

问：男的是什么意思？

정답 ❶ A ❷ B ❸ D

3. ❶ ACB ❷ CBA ❸ ABC ❹ BCA

4. 참고 답안 除了二月十四日以外，中国也有传统的情人节。农历七月初七是牛郎织女相会的日子，所以人们把这一天定为中国情人节。

5. ❶ A ❷ B ❸ D ❹ C ❺ A ❻ C ❼ D

Chapter 10

Skill Up

● Play Point 01

1. ❷ 尽管她打工很努力，可是收入并不高。

❸ 尽管自行车很破旧，可是功能并不差。

❹ 尽管他生病了，可是仍然坚持工作。

2. ❶ C ❷ D ❸ B

● Play Point 02

1. ❷ 尽管生活很困难，可他还是那么阳光。

❸ 尽管身体不舒服，可他还是坚持训练。

❹ 尽管肚子很饱，可他还是想再吃点儿饼干。

2. ❶ 他还是没有改变。

❷ 拒绝他很多次了

❸ 他还是不能接受。

● Play Point 03

1. ❷ 由于身体原因，今天想请假休息。

❸ 由于我的失职，造成了很大损失。

❹ 由于天气原因，比赛改在下周举行。

2. ❶ B 요즘 자주 밤을 새워서 그는 아주 초췌해 보인다.

❷ C 그는 매우 열심히 공부하여 명문대학에 진학했다.

❸ A 그는 매우 열심히 훈련해 이번 테스트를 통과했다.

● Play Point 04

1. ❷ 我之所以喜欢唱歌，是因为可以放松心情。

❸ 我之所以经常看书，是因为可以增长知识。

❹ 我之所以经常看中国电影，是因为可以练习听力。

2. ❶ C　❷ B　❸ D

Exercise　118P

1. 녹음

A 尽管这是一首老歌，可是大家都很爱听，而且大家都会跟着唱。

B 尽管这两天他身体不是很舒服，可他还是坚持训练。当运动员实在是太辛苦了。

C 由于时间关系，今天关于环境问题的讨论就到此结束。再次感谢各位网友的支持。

D 我选择放弃，是因为对自己没有信心，总觉得自己准备得不够好。

정답 ❶ ✕　❷ ✓　❸ ✕　❹ ✕

2. 녹음

❶ 女：老板，由于身体原因，下午我想请半天假。

男：你怎么了？哪里不舒服吗？

女：发烧、咳嗽还有点儿头疼，好像是感冒了。

男：那你赶紧去医院看看，再去药店买点儿药吃。下午就在家好好休息一下吧。

女：谢谢老板。下午开会的资料我已经整理好放在您桌子上了。

男：好的，我知道了。有什么事儿，我再给你打电话。

问：女的是什么意思？

❷ 男：昨天下班以后你去哪儿了？

女：我跟朋友一起去练歌房唱歌了。你找我有事儿？

男：没什么事儿。本来想找你吃饭来着。你不是前两天刚去过练歌房吗？

女：我每个星期都会去一次练歌房，而且每次都唱一两个小时。

男：是吗？我平时很少去练歌房。你为什么这么喜欢唱歌？

女：我之所以喜欢唱歌，是因为唱歌可以让我放松心情。要是下次再去，也带上你啊？

问：男的是什么意思？

❸ 男：小李，你怎么才来啊？讨论会都快要结束了。

女：别提了，早上我睡懒觉了。尽管我是打车赶过来的，可还是迟到了。

男：那你来的时候有没有人给你讨论会的资料啊？

女：我来的时候没有人发资料。小王，能不能把你的借给我看看？

男：嗯，你拿去看吧。刚才我都看过一遍了。

女：谢谢！我看完以后就马上给你。

问：关于女的，可以知道什么？

정답 ❶ D　❷ B　❸ D

3. ❶ BAC　❷ ACB　❸ BCA　❹ ABC

4. 참고 답안 尽管过去了好几个月，可是她的学习成绩一点儿进步也没有。所以她心里非常着急，真不知道以后该怎么学习。

5. ❶ B ❷ C ❸ A ❹ D ❺ C ❻ A ❼ B

Chapter 11

Skill Up

● Play Point 01

1. ❷ 哪怕很辛苦，还得走自己的路。
   ❸ 哪怕是半夜，还可以不停地吃。
   ❹ 哪怕后悔，还要坚持下去。

2. ❶ 哪怕半个钟头也好。
   ❷ 哪怕只有一天也好。
   ❸ 哪怕减两公斤也行。

● Play Point 02

1. ❷ 即便专业人士，也很难看出来。
   ❸ 即便世界冠军，也要继续努力。
   ❹ 即便公司老总，也不可以迟到。

2. ❶ 买到车票
   ❷ 掉在地上
   ❸ 没有人会说你

● Play Point 03

1. ❷ 再有不利的条件，也不怕了。
   ❸ 再有什么意见，也不修改了。
   ❹ 再有什么好事，也不跟你说了。

2. ❶ C ❷ A ❸ C

● Play Point 04

1. ❷ 就算不好吃，我也要试试。
   ❸ 就算做不到，我也要努力。
   ❹ 就算你不去，我也要去看看。

2. ❶ C ❷ A ❸ B

Exercise 130P

1. 녹음

A 我这么坚持锻炼身体，也只是想瘦那么一点点而已。哪怕减一两公斤也行啊。

B 现在做假的技术真是越来越好了。即便是专业人士，也很难看出来是真是假。

C 这次去北京出差，不管怎样我也要逛逛北京城。就是不去趟紫禁城，也得去趟天安门。

D 我觉得大学生找工作时，最重要的就是自信。就算再怎么难，也要对自己有信心才行。

정답 ❶ × ❷ ✓ ❸ × ❹ ×

2. 녹음

❶ 女：工作实在是太难找了。
男：是啊。找工作找得我都想推迟毕业了。
女：哪怕晚点毕业，也想给自己找一份理想的工作。
男：我们没什么工作经验，最近又面临经济不景气。真是四面楚歌啊。
女：可不是嘛。现在凭借在学校学到的专业知识，很难找到一份好工作。
男：真没想到大学毕业后找工作也这么难。
问：男的是什么意思？

❷ 女：你什么时候下班啊？我都快饿死了。
男：还没到六点，你怎么就饿成这样了？
女：我们部门中午出了点事儿，没来得及吃午饭。
男：哪怕工作再忙，也不能不吃饭啊。
女：那你就可怜可怜我，赶快下班陪我吃晚饭吧。谁让你是我的“死党”呢？
男：真拿你没办法。你再等我十分钟，十分钟就好。
问：女的是什么意思？

❸ 女：你看过最近流行的那部韩国电视剧吗？

男：这几天忙得很，哪有时间看韩剧啊？

女：你是韩语专业的，看韩剧不也是学韩语嘛。

男：我马上就快考TOPIK考试了。再好看的电视剧，也不能看了。

女：原来是这样啊。准备考试自然就没时间看了。

男：等这次TOPIK考试结束了，再看吧。

问：男的是什么意思？

정답 ❶ C　❷ D　❸ C

3. ❶ BAC　❷ CAB　❸ ABC　❹ BAC

4. 참고 답안　现在越来越多的大学生毕业就等于失业。即便毕业了，也很难找到满意的工作。他们哪怕晚点毕业，也想给自己找一份理想的工作。

5. ❶ D　❷ A　❸ D　❹ A　❺ D
❻ B　❼ C

Chapter 12

Skill Up

● **Play Point 01**

1. ❷ 从开学那天起，我儿子就一直期待着放假。

❸ 从他18岁时起，就一直跟朋友们住在一起。

❹ 从下周六起，我们要去健身房锻炼身体。

2. ❶ D　❷ A　❸ C

● **Play Point 02**

1. ❷ 传统的东西越老越值钱。

❸ 重庆老火锅越辣越好吃。

❹ 上班的地方越近越好。

2. ❶ C 너희 집의 세 마리 고양이는 커 갈수록 더 귀엽다.

❷ A 한라산 정상의 바람이 갈수록 심해진다.

❸ B 그가 추천한 코믹물이 볼수록 재미있다.

● **Play Point 03**

1. ❷ 在学习方法上，有很多学生只见树木不见森林。

❸ 在很大程度上，优酷的影响力超过了传统媒体。

❹ 在生活习惯上，我们一家人都各有不同之处。

2. ❶ A　❷ B　❸ D

● **Play Point 04**

1. ❷ 对年轻人来说，自己挣钱买房是很难做到的。

❸ 对中国人来说，红色是最喜欢的颜色之一。

❹ 对很多人来说，找一份好工作是非常重要的事儿。

2. ❶ B　❷ C　❸ D

Exercise　142P

1. 녹음

A 在骑车的人看来，骑自行车跟开车相比有很多好处。骑自行车既能保护环境，又能锻炼身体。所以现在骑车的人越来越多了。

B 真人版电影这几年越来越多。在我看来，这部电影算得上是真人版电影中最好的一部。

C 最近经济不景气，即使大学毕业也很难找到自己满意的工作。对年轻人来说，自己挣钱买房就更不用说了。

D 听说在上海音乐厅每个周末都会举办定期演奏会。这个周末我要加班，就不能去了。但下周末我一定要去听听。

정답 ❶ ✕　❷ ✕　❸ ✓　❹ ✕

2. 녹음

❶ 女：我儿子快要上高二了。

男：你儿子都高二了？学习应该很累吧。

女：现在应该是他最累的时候了。尽管他

学得很努力，可是成绩还不是很好。

男：是不是学习方法上有什么问题啊?

女：在我看来，他还不太懂怎么控制时间。学习时间长并不等于学习效果就好。

男：是啊。每学习一两个小时就得做10-20分钟的体育活动或者休息，这样学习效果才会更好。

问：男的是什么意思?

❷ 女：昨天我的笔记本电脑突然出了问题。把我吓坏了。

男：电脑怎么会突然出问题呢？你昨天都弄什么了?

女：我昨天也没弄什么，就玩了会儿游戏。我感觉就是因为笔记本买了太久了，该换了。

男：是不是昨天玩游戏玩太久了？现在修好了吗?

女：在网友们的帮助下，问题很快就被解决了。

男：既然修好了，那就再跟我玩一会儿游戏怎么样?

问：女的是什么意思?

❸ 女：天气预报说，今天早上外面的空气很不好。

男：听说下午空气会好点儿。这几天空气是越来越不好了。

女：对啊。平时我们都感觉不到环境问题的严重性。

男：没错。所以从明天早上开始，为了保护环境，我决定跟小区邻居们一起拼车上下班。

女：好主意！最近好像很流行拼车。既保护环境，又方便上下班。

男：保护环境其实就是保护我们自己。

问：男的是什么意思?

정답 ❶ A ❷ C ❸ D

3. ❶ BCA ❷ ACB ❸ BAC ❹ BAC

4. 참고 답안 我特别喜欢听二胡演奏，在我看来，同样一个曲子用二胡拉出来的更好听。二胡的声音很优美，越听越有味儿。

5. ❶ D ❷ D ❸ B ❹ A ❺ B ❻ C ❼ C